KB141132

현장에서 바로 쓰는
진로 스토리텔링

진로, 이야기를 만나다

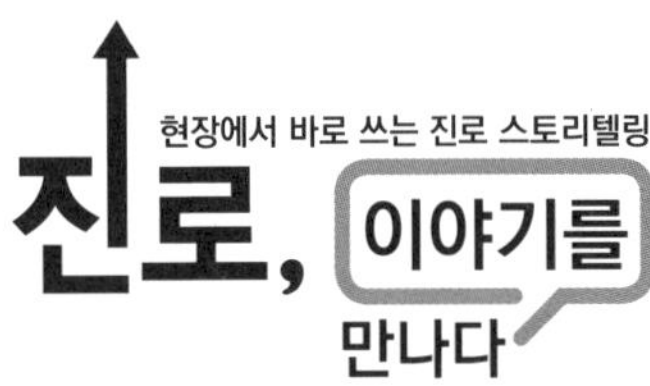

초판 1쇄 인쇄 2018년 06월 11일
초판 1쇄 발행 2018년 06월 18일

글 와이스토리 연구소(윤성혜, 고문심, 박지혜, 송금영, 최혜정)
콘텐츠 와이스토리
발행인 윤성혜
편집책임 김유진
디자인 최유정
교정 차여진
발행처 와이스토리
신고번호 제333-2014-15호
주소 서울시 마포구 성산동 50-12
도서문의 070-7437-4270
홈페이지 http://y-story.co.kr
이메일 info@storylab.co.kr

ISBN 979-11-88068-11-1

이 도서의 국립중앙도서관 출판예정도서목록(CIP)은
서지정보유통지원시스템 홈페이지(http://seoji.nl.go.kr)와
국가자료공동목록시스템(http://www.nl.go.kr/kolisnet)에서 이용하실 수 있습니다.
(CIP제어번호 : CIP2018015635)

현장에서 바로 쓰는 진로 스토리텔링
진로, 이야기를 만나다

글 | **와이스토리 연구소**
윤성혜, 고문심, 박지혜, 송금영, 최혜정

진로와 이야기는 왜 만나야 할까?

진로 교육에 대해 이야기를 하다 보면, 가장 중요한 아이들의 마음 상태를 간과할 때가 많습니다. 우리 아이들은 진로 교육을 통해 무엇을 얻고 있을까요? 진로 교육을 통해 적성을 발견한 아이들도 있지만, 단지 시간표에 있어서 수업에 참여한다고 생각하거나 스스로 원하는 것과 좋아하는 것이 무엇인지 몰라 마냥 불안해하는 아이들도 있습니다. 진로 교육의 아쉬운 점을 좀 더 생각해 보면 이와 같은 원인을 함께 해결해 볼 수 있지 않을까요?

첫째, 진로에 대한 결정이 시기적으로 빠르다.

둘째, 진로 교육에 있어 진학과 성적만 강조한다.

셋째, 진로 교육이 직업 교육 중심으로 되어 있다.

넷째, 스스로 움직이는 주체성과 철학이 부족하다.

다섯째, 진로 교육이 변화하는 사회를 반영하지 못한다.

위 5가지에 공감하고 계신가요? 이러한 문제점에도 불구하고, 최근 몇 년간 다양한 진로 프로그램이 개발되고, 진로 전문가와 교사, 강사

들의 노력으로 값진 성과를 이루었습니다. 하지만 갈 길은 여전히 멀고, 이것은 교육만의 과제라기보다 우리 사회 전체의 큰 과제로 삼아야 합니다.

저희는 스토리텔링을 접목한 진로 프로그램을 운영하며 우리 인생이나 진로가 '나'를 이루는 '하나의 이야기'라는 점을 늘 강조해 왔습니다. 특히 진로 교육에서 어떻게 하면 '스스로 움직이는 주체성과 철학의 부재'를 해결할 수 있을까 깊은 고민을 나눴습니다.

인생의 사건 하나하나가 '점'이 되어 분절되거나 쪼개지는 것 같아도, 그 점들을 연결해 보면 선이 되고 자신만의 길이 생깁니다. 물론 이야기를 통한 진로 교육만이 정답은 아닙니다만, 진로 교육의 시작이자 가장 기본이 되는 '나 알기' 또는 '나 찾기'를 위한 방법으로 의미 있는 역할을 하고 있는 것은 분명합니다.

주체성과 자신만의 철학을 갖기 위한 여러 가지 방법이 있지만, 우선 우리 인생이나 진로를 하나의 '이야기'로 받아들여 봅시다. 그러면 우리 앞에 놓인 문제를 한 걸음 물러나서 바라볼 수 있고, 문제를 해결하는 방법도 지혜롭게 찾을 수 있습니다.

나아가 문제를 해결하는 것에 그치지 않고, 다양한 시각으로 문제와 해결 방법을 바라볼 수 있기 때문에 스스로를 객관화할 수 있습니다. 또한 자기 삶 곳곳에 숨어 있는 에피소드를 찾으면, 그것만으로 큰 기쁨이 됩니다. 자신을 성찰하고 발견하는 것이 진로 교육의 참된 목적이니까요.

진로는 수많은 접속사로 이루어져 있습니다. 자기 선택의 결과로 나오는 '그래서, 그러므로', 반전이 일어나는 '그러나', 새로운 이야기가 시작되는 '그런데, 한편', 그때 그것을 시도했더라면 어땠을까를 가정해 보는 '만약에', 그리고 그 사이를 메우고 있는 수많은 '그리고', '그리고', '그리고' 등. 이런 접속사들을 사이에 두고 얼마나 많은 이야기들이 우리 인생에 쌓여 있을까요? 그것을 알아차리지 못하고 그냥 흘려보낸다고 생각해 보세요. 세상에 하나뿐인 보석과도 같은 것들이 매순간 사라지는 것이나 마찬가지입니다.

그러니 아이들의 일상이 매순간 특별한 순간이란 점을 가르치는 사람들이 먼저 알고 알려줘야 하지 않을까요?

"너희는 어제도 학교에 왔고 오늘도 학교에 오고 내일도 학교에 오겠지. 꿈을 위해 어제도 연습했고 오늘도 연습하고 내일도 연습할 거야. 그런 시간이 세상에 단 하나뿐인 너의 이야기가 된단다."

이 책은 아이들에게 '내 삶은 한 편의 이야기'라는 점을 받아들이도록 안내해 줍니다. 각자의 소질과 적성, 흥미, 환경을 고려한 나만의 이야기를 만들어 가도록 도와주지요. 스스로 인생철학을 세울 수 있는 기회가 주어질 때 아이들은 인생을 좀 더 주체적으로 설계할 수 있

을 것입니다.

이 책은 크게 이론과 실전 편으로 나누어 구성했습니다. 1장 '행복한 진로 배움터를 위해'에서는 아이들 개개인의 다양성을 바탕으로 스스로 행복한 삶을 살아가도록 지지하고 격려할 수 있는 진로 교육의 목적과 당위성 등 진로 스토리텔링의 이론을 다루었습니다.

2장부터 4장까지는 진로를 가르치는 분들에게 도움이 될 수 있도록 '진로 스토리텔링' 강의 매뉴얼을 상세하게 다루었습니다. '내 이야기를 어떻게 만들까?'에서는 아이들 스스로가 각자의 특징을 좀 더 쉽게 파악할 수 있는 활동을 제안하고, '세상에는 어떤 직업이 있을까?'에서는 직업 사전, 직업 카드 등에 한정된 직업에서 벗어나 이 세상이라는 이야기 속의 직업을 스스로 만들 수 있도록 했습니다. '나의 미래는 어떤 색깔일까?'에서는 미래를 계획할 때 실제 이야기처럼 갈등을 예상하고 그 갈등을 해결하는 문제 해결력에 초점을 맞추어 구성했습니다.

모쪼록 이 책이 모든 이들의 삶의 이야기를 엮어 가는 데 다정한 동반자가 되기를 바랍니다.

윤성혜, 고문심, 박지혜, 송금영, 최혜정

이 책을 100배 활용하는 방법

활동 대상 다수의 선생님들이 활용해 본 후 90% 이상의 학생들이 따라올 수 있는 대상을 표기하였습니다. 이 책에 표기한 대상이 아니더라도, 실제로 활동을 해 본 뒤에 각 대상에 맞는 방법을 연구하기 바랍니다.

소요 시간 본 책의 활용법은 수업 시간을 기준으로 활동 방법을 정리하였습니다.

활동 방법 '개별 활동'과 '모둠 활동'이 있습니다.

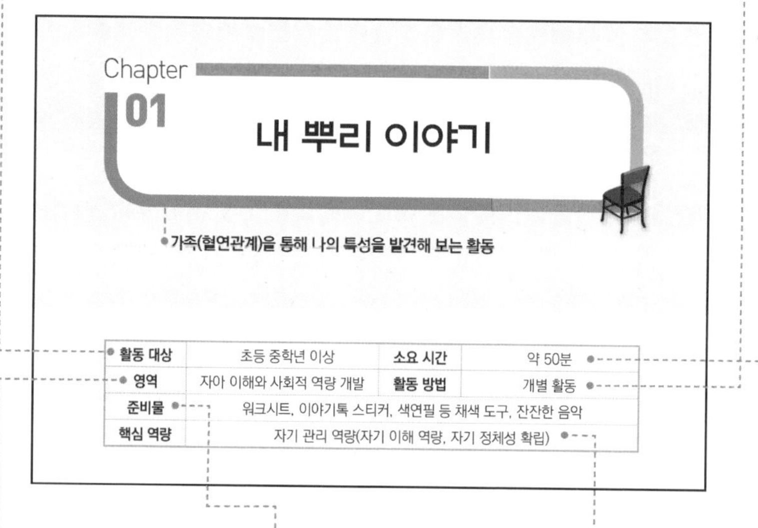

Chapter 01

내 뿌리 이야기

가족(혈연관계)을 통해 나의 특성을 발견해 보는 활동

활동 대상	초등 중학년 이상	소요 시간	약 50분
영역	자아 이해와 사회적 역량 개발	활동 방법	개별 활동
준비물	워크시트, 이야기톡 스티커, 색연필 등 채색 도구, 잔잔한 음악		
핵심 역량	자기 관리 역량(자기 이해 역량, 자기 정체성 확립)		

영역 '2015 학교 진로 교육 목표와 성취 기준(교육부 고시)'의 영역 중 어떤 영역에 해당하는지 표시하였습니다. 235쪽 참고.

준비물 준비물을 미리 확인한 후 강의 준비를 하면 좋겠지요? 개별 준비물의 자세한 설명은 231쪽 참고.

핵심 역량 '2015 개정 교육 과정의 핵심 역량(교육부 고시)' 중 어떤 역량을 키울 수 있는지 표시하였습니다. 9쪽 참고.

2015 개정 교육 과정의 핵심 역량

01

자아정체성과 자신감을 가지고
자신의 삶과 진로에 필요한
기초 능력과 자질을 갖추어
자기주도적으로 살아갈 수 있는

자기관리 역량

02

문제를 합리적으로
해결하기 위하여
다양한 영역의 지식과 정보를
처리하고 활용할 수 있는

지식정보처리 역량

03

폭넓은 기초 지식을 바탕으로
다양한 전문 분야의 지식, 기술,
경험을 융합적으로 활용하여
새로운 것을 창출하는

창의적 사고 역량

04

인간에 대한 공감적 이해와
문화적 감수성을 바탕으로
삶의 의미와 가치를
발견하고 향유하는

심미적 감성 역량

05

다양한 상황에서
자신의 생각과 감성을 효과적으로
표현하고 다른 사람의 의견을
경청하며 존중하는

의사소통 역량

06

지역·국가·세계 공동체의
구성원에게 요구되는 가치와
태도를 가지고 공동체 발전에
적극적으로 참여하는

공동체 역량

차 례

PART

행복한 진로 배움터를 위해

PART 02
내 이야기를 어떻게 만들까?

PART

03 세상에는 어떤 직업이 있을까?

PART

04 나의 미래는 어떤 색깔일까?

PART

01

행복한 진로 배움터를 위해

Chapter 01

아이들은 왜 불안할까?

진로는 한자로 '나아갈 진(進)'과 '길 로(路)'를 씁니다. 앞으로 나아가는 길을 말하지요. 즉, 생애 전반에 걸쳐 삶의 요소가 되는 교육, 직업, 결혼, 가정 등에 '어떻게 살아갈 것인가?'라는 삶의 방향을 더한 총체적 개념이라고 할 수 있습니다. 그러하기에 진로 교육에서는 크게 두 가지 질문을 던질 수 있습니다. "나는 어떤 모습으로 어떻게 살 것인가?", 그리고 그렇게 살기 위해서 "무엇을 하면서 살 것인가?"입니다. 그런데 많은 이들이 두 가지 질문 중에서 '무엇'에만 초점을 맞추는 경향이 있습니다. 그러다 보니 진로라고 하면 직업 선택이라고 생각하기도 하지요. 하지만 진로는 '어떻게'에 해당하는 삶의 목표가 우선되어야 합니다.

'어떻게'를 생각할 때에는 행복이라는 가치를 우선 떠올리게 됩니다. 누구나 행복하게 사는 것이 궁극의 목표겠지요. 그런데 '행복한 삶'은 개인만의 행복으로 이루어질 수 없습니다. 우리는 사회 안에서 살아가고 있기 때문입니다. 그래서 사회 구성원으로서 다른 사람과 소통하고 사회 유지와 발전에 기여하며 살아가는 것 또한 진로의 중요한 요소가 됩니다. 그러하기에 교육과 일, 관계, 삶의 적응 문제 등 모든 영역에서 기본적인 역량과 태도, 가치관 등을 기르는 교육이 필요합니다. 그것이 바로 진로 교육입니다.

다시 정리하자면, 진로 교육이란 현명한 진로 선택을 통하여 생산적인 사회 구성원으로서, 그리고 행복한 개인으로서 삶을 살 수 있도록 성장을 돕는 교육의 과정*이라고 정의할 수 있습니다. 그래서 진로 교육은 개인이 참여하는 다양한 환경에서의 역할과 사건을 포함하여 이루어져야 합니다.

* 정철영 외, 《진로 교육 개론》, 교육과학기술부, 2010. P.6

3월 새로운 학년이 시작될 때마다 학생들에게 "왜 진로를 배워야 하는 것일까?"라고 묻습니다. 학생들은 "시간표에 있으니 당연히 배우죠."라고 대답하는 경우가 참 많습니다. 그러면 사회의 변화라는 것과 함께 '학교 진로 교육 목표와 성취 기준'을 보여주곤 했습니다.

교육부에서 진로 교육의 목표와 성취 기준을 처음 고시한 때는 2012년입니다. 진로 교육이 중시되면서 진로 교육의 목표를 세우고 학교급별 세부 목표와 성취 기준을 제시하여 초·중·고 진로 교육의 연계와 체계성을 갖추려고 하였습니다. 그런데 최근 사회의 변화와 요구를 반영해야 한다는 취지에서 2015년에 개정 목표와 성취 기준을 고시하였습니다. '2015 학교 진로 교육 목표와 성취 기준'에서는 전체 진로 교육의 목표를 "학생 자신의 진로를 창의적으로 개발하고 지속적으로 발전시켜 성숙한 민주 시민으로서 행복한 삶을 살아갈 수 있는 역량을

* 교육부, 《2015 학교 진로 교육 목표와 성취 기준》, 2015. P.1.

커리어넷, 《진로교육프로그램》, 전체, 122번을 참고하면 전체 목표와 성취 기준을 알 수 있음.

기른다."*라고 제시하고 있습니다.

또, 4개의 하위 목표를 제시하고 있습니다. 목표에 따른 요소들을 살펴보면, 긍정적 자아 개념 형성, 소질과 적성에 대한 정확하고 객관적인 이해, 타인과의 관계 맺기와 소통 역량, 일과 직업의 중요성과 가치, 직업 세계의 다양성과 변화 이해, 건강한 직업의식 배양, 진로 관련 교육 기회 및 직업 정보 탐색과 활용 역량, 창의적 진로 설계와 준비 역량 등입니다.

자, 이쯤에서 중학교 학생들이 자주 하는 말을 들어 볼까요?

"선생님, 모르겠어요. 저는 제가 하고 싶은 것이 있는지도 모르겠고, 제가 좋아하는 것이 무엇인지도 모르겠어요. 진로를 빨리 정하고 공부도 해야 하는데, 진로를 정하지 않으니 공부도 안 되고 정말 불안해요."

왜 이렇듯 불안해할까요? 여러 가지 이유가 있겠지만 진로전담 교사로 현장에 있으면서 느낀 진로 교육의 아쉬운 점 몇 가지를 같이 생각해 보고 싶습니다.

첫째, 진로에 대한 조급함과 인생철학의 부재입니다. 여기저기에서 진로 교육의 중요성과 함께 빠른 진로 설계의 필요성을 말하고 있습니다. 그러면서 학교 생활기록부에 희망 진로를 구체적으로 기록하고, 진로와 연계된 활동을 하도록 하여 진로 적합성이 있음을 증명하려 합니다. 대학 진학에 유리하다는 이유로 말입니다. 그런데 이러한 분위기 속에서 아이들이 삶의 방향을 고민하면서 소질과 적성, 흥미 등 자신의 특성을 고려하고, 자기 행복에 대한 철학적 고민을 할 수 있을까요? 우리는 아이들에게 삶에 대한 진지한 고민과 성찰, 그리고 자신이 무엇을 중요하게 생각하고 있는가에 대한 가치와 삶의 방향에 대해 고민할 시간을 주고 있을까요? 우리가 아이들에게 '어떻게 살 것인가?'에 대해 자신만의 고민을 하고 나름의 인생철학을 세울 수 있도록 시간을 허락하고 있는지 묻고 싶습니다. 또한 흥미나 적성 같은 개인의 특성은 다양한 체험과 경험을 통해서 탐색할 수 있는데, 그렇게 할 수 있도록 기회와 시간을 허용하고 있는지도 의문입니다.

둘째, 진로 교육에 있어서 진학과 성적을 너무 강조합니다. 최근 많은 선생님들이 교육의 본질에 대해 고민하고 있습니다. 본질에 충실한 교육을 연구하며 학교 분위기도 조금씩 바뀌고 있습니다. 그런데 아직까지도 학교생활의 가장 큰 목표는 대학 진학에 맞추어져 있습니다. 그렇기 때문에 학생들은 배우는 즐거움을 느낄 수 없습니다. 또, 성적만을 위해 친구와의 관계도 현재의 행복도 담보 잡힌 채 살아가고 있습니다. 더하여 부모의 생활도 자녀의 성적 향상에 맞춰 살아가는 경우가 허다하지요. 그러다 보니 지나친 경쟁으로 남을 이기거나 짓누르고 올라가야 한다는 분위기가 온 나라에 만연해 있습니다.

셋째, 진로 교육이 직업 교육 중심으로 이루어져 있습니다. 해마다 학년 초에는 한 해 진로 교육 계획을 세웁니다. 각 과목 별 진로 요소를 교육하기 위해 내용을 추출하기도 하고요. 그런데 그 내용이 대부분 직업 교육과 연결되어 있습니다. 그것도 선생님이 알고 있는 직업의 범위 내에서 말입니다. 아이들 또한 마찬가지입니다. 진로의 기초 역량에 대한 수업, 다양한 삶과 가치에 대한 수업 등은 진로와 관련이 없다고 생각하며 직업 교육만 원하는 경향이 꽤 큽니다. 더하여 진로를 정했느냐고 물으면서 기대하는 대답은 직업과 그를 위한 학과입니다. 앞서 말한 자신만의 '인생철학'을 말하면 오히려 뭘 모르고 진로를 정하지 않은 것처럼 치부되기도 합니다. 진로는 직업 선택이란 인식이 크기 때문입니다.

넷째, 주체성의 부재입니다. 어느 연수 과정에서 들었던 얘기가 생각납니다. 어떤 분이 임용고사 면접을 심사하고 나서 우연히 창밖을 보았는데, 응시를 마치고 집에 가는 어느 응시자가 보였답니다. 그때 응시자의 엄마처럼 보이는 여성이 자동차를 운전하고 와서 응시자에게 차 문을 열어 주었습니다. 그런데 응시자는 차에 타서 다리를 올렸고, 엄마로 추정되는 여성은 응시자의 신발을 벗기고 어깨를 다독거리더랍니다.

요즘은 회사에 취업하고도 문제가 생기면 부모가 전화해서 항의하고, 회식이 있을 때에도 끝날 때까지 기다리다 자녀를 데리고 집으로 간다는 얘기도 들립니다. 과장된 이야기겠지만, 우리 아이들이 혼자 결정하고 자신의 행동에 책임질 수 있는 나이는 도대체 언제쯤이 될까요? 학생의 본분이라고 하는 공부, 등하교, 친구 사귀기, 심지어 과

자 하나 고르는 것까지 스스로 하지 못하는 의사 결정 장애를 가진 친구들이 많다니, 진로와 관련해 얼마나 주체적으로 인생을 설계하고 있을지 의문스럽습니다.

끝으로 그동안의 진로 교육이 변화하는 사회를 반영하지 못하고 있다는 점입니다. 학교의 본질이 교육이기에, 백년지대계(百年之大計)라며 교육의 정책 변화가 너무 잦다는 쓴소리가 많습니다. 진로 교육도 마찬가지지요. 그러다 보니 세상은 너무도 빨리 변화하는데, 학교는 세상의 변화를 좇아가기 바쁜 것이 현실입니다.

세계적인 미래학자 앨빈 토플러는 "미래는 언제나 늘 빨리 다가올 뿐 아니라 예측하지 못한 방식으로 찾아온다." 하고 말했습니다. 4차 산업혁명은 어느새 우리가 인식하지 못하는 사이 이미 미래가 아닌 현실이 되었습니다. 게다가 그동안의 디지털화에 비해 변화의 폭과 깊이, 속도는 비교할 수 없을 정도입니다. 앞으로 10년 안에 전 세계적으로 1조 개의 센서가 서로 통신을 주고받고, 세계 70억 인구가 모든 정보와 데이터로 연결될 것이라고 합니다. 인공 지능, 로봇, 3D 프린팅, 자율주행차, 나노 기술, 우주 공학, 생명 공학, 대체 에너지 등 전혀 다른 영역 간 융·복합 시도도 쉽게 이루어진다니 사회가 어떻게 변할지 상상조차 어려울 정도입니다.

그렇다면 인간의 역할은 어떠할까요? 디지털 시대에서는 인간이 기계를 프로그래밍 하여 생산의 자동화를 이루어 냈습니다. 4차 산업혁명 시대에서는 인간이 컴퓨터와 기계 간 연결의 바깥에 위치한다고 합

* 김상윤, 《4차 산업혁명 속으로 ① 네 번째 혁명의 문 앞에서》.

니다. 컴퓨터와 기계가 인공 지능에 의해 독자적으로 학습하고 상호 소통하는 스마트 생태계를 구성하면, 인간은 이 생태계를 활용하여 새로운 가치를 찾고 아이디어와 창의력을 반영하는, 지금까지와는 다른 새로운 역할을 해야 할 것입니다.*

이러한 변화 속에서 우리는 어떤 가치를 가지고, 무엇에 대비해야 할까요? 진로 교육은 이 문제에 대해 함께 고민하고 변화를 만들어 갈 수 있는 힘을 기르는 교육이 되어야 합니다. 때문에 진로 교육에 무엇을 담아 낼 것인가에 대해 다시 고민해야 할 것입니다. 10년 뒤, 혹은 20년 뒤 우리 아이들의 삶에 긍정적 영향을 줄 수 있는 유의미한 경험이 무엇일까를 고민해야 합니다. 미래 사회는 아무도 경험하지 못했지만 우리 아이들이 중심이 되어 살아야 하기 때문입니다.

Chapter 02

무엇을 어떻게 가르칠까?

2016년 교육방송 〈장학퀴즈〉에 한국전자통신연구원(ETRI)이 개발한 한국어 인공 지능 '엑소브레인(Exobrain)'이 출전하여 눈길을 끌었습니다. 상·하반기 '장학퀴즈' 왕중왕, 2016학년도 수능 만점자, '지니어스' 준우승자 등이 출연한 퀴즈 대결이었는데, 엑소브레인이 600점 만점에 총점 510점을 획득하며 우수한 성적으로 우승하였습니다. 엑소브레인이 우승할 수 있었던 비결은 바로 어마어마한 학습량이었답니다. 백과사전을 비롯한 책 12만 권 분량의 엄청난 정보를 단 6일 만에 학습했다고 합니다. 그것도 인터넷이 연결되지 않은 상태에서 말입니다.* 또, 미국의 첫 AI 변호사 '로스'는 1초당 10억 장의 법률 문서를 분석할 수 있다고 하며, 관련 판례를 찾아 승소 가능성까지 계산해 낸다고 합니다.

지적인 영역을 인간 고유의 영역이라고 생각했던 그동안의 인식이 바뀌는 일들입니다. 게다가 인공 지능은 사람과 달리 지치지 않기에 쉬지 않고 학습하고, 사람처럼 잊어버리지도 않습니다. '로스'처럼

* 구본권, 《장학퀴즈 우승한 엑소브레인, 수능은 어려워》. 2017.1.2. 한겨레신문 참고.

순간적으로 분석하고 답을 찾는 힘 또한 뛰어나고요. 그리고 생명 공학과 로봇의 발달로 인해 인간과 기계와의 구분이 점점 모호해지고 있기도 합니다.

그렇다면 이 시점에서 우리 아이들에게 무엇을 가르쳐야 할까요? 누구도 단언하여 말할 수 없지만, 그것은 아마도 인간 본연의 모습을 찾도록 하는 일일 것입니다. 적어도 다음 10가지는 반드시 가르쳐야 합니다.

1. 질문하기

혹시 '칸지'라는 이름을 기억하는지요? 칸지는 미국 조지아 주립대 언어연구소에서 생후 9개월 때부터 언어를 배운 수컷 보노보 원숭이입니다. 언어를 배우고 의사소통법을 익힌 천재 원숭이로 통했다고 합니다. 2015년 35살이었던 칸지는 렉시그램이라는 소통 도구로 200개가 넘는 단어를 익혔고 600가지가 넘는 과제를 수행해서 3살 아이 수준의 소통 능력을 지닌 것으로 평가되었습니다. 비슷한 연구로 고릴라의 의사소통에 대한 연구들도 있었지요. 대표적인 예로 말을 배우고 사람과 의사소통을 한 암컷 고릴라 코코가 있습니다. 코코는 기쁨, 슬픔, 사랑, 고민 등을 자유롭게 표현했고, 수화를 배워 '이가 아프다.'라고 표현해 치과 치료를 받기까지 하였답니다.

그렇다면 유인원과 인간이 다른 점, 인간만이 지닌 특별한 차이점은 도대체 무엇일까요? 물론 외형적인 면도 있겠지만, 유인원은 많은 언어를 구사하고 의사소통을 하게 되어도 질문을 하지 않는다고 합니다.* 이런 점을 볼 때 사람만이 자신의 지적인 부족함을 느끼고 모르는 것을 알고 싶어 하며 질문을 한다고 말할 수 있습니다. 우리 인간이 얼마나 질문을 좋아하고 잘하는 존재인가는 아이를 키워 본 분들이라면 알 수 있을 것입니다. "우리 아이, 질문이 너무 많아서 힘들어요."라고 말할 정도이지요.

* 구본권, 《천재 원숭이도 흉내 못 낸 사람만의 능력은?》, 2015.9.8., 한겨레신문 참고.

그렇다면 아이들은 왜 질문을 할까요? 모르기 때문이죠. 즉, 알고 싶은 것입니다. 좀 더 어려운 말로 한다면, 알고 있는 것과 실제 현상이 일치하지 않는 것들에 대해 지적 호기심이 생겨 질문을 하는 것입니다. '질문하기'는 인간만이 지닌 본연의 모습으로 개인의 특성과 잠재력을 찾으며, 변화하는 세상에서 문제를 발견하고 기회로 만들 수 있는 열쇠가 됩니다. 그러하기에 질문하기를 배우도록 해야 합니다. 그리고 아이들에게 지적 호기심이 생겨 알고 싶은 마음을 가르쳐야 할 것입니다.

2. 문제 해결력과 발상의 전환

호주 멜버른에는 '재플슈츠'라는 가게가 있습니다. 재플(Jeffle)과 슈츠(Chute)의 합성어로 만들어진 이름이지요. 재플은 샌드위치의 호주

* 스브스뉴스, 《야 하늘에서 뭐가 떨어져》, 2015.4.17.

말이고, 슈츠는 낙하산을 의미합니다. 즉, 낙하산 샌드위치라는 뜻입니다. 이 가게는 7층에 위치해 있는데, 인터넷으로 주문을 받아 정해진 시각에 구매자가 표시한 곳에 서 있으면 낙하산으로 내려 보내는 방식으로 운영하여 SNS로 널리 알려졌습니다.

그런데 왜 가게가 7층일까요? 처음부터 낙하산을 이용하여 샌드위치 가게를 열 생각을 했을까요? 아닙니다. 3명이 공동 창업하기 위해 가게를 알아보았지만 1층은 임대료가 너무 비싸 어쩔 수 없이 7층에 가게를 얻었다고 합니다. 심지어 계산대나 탁자와 의자를 놓을 자리도 없었다고 하네요. 그래서 생각한 방법이 바로 낙하산이었다고 합니다.* 아무도 찾아가지 않을 7층이란 한계를 극복하고 누구나 찾도록 가치를 새롭게 만든 것이죠.

이렇듯 우리 아이들은 난관에 부딪혔을 때, 그 문제를 오히려 기회로 만들 수 있는 힘을 가져야 한답니다. 그것을 우리는 문제 해결력이라 부르지요. 문제 해결력은 앞선 사례처럼 발상의 전환이 있어야만 발휘됩니다. 어떤 사물을 볼 때 온전히 그것을 알기 위해서는 앞에서만 보는 것이 아니라 옆과 뒤, 위와 아래에서도 볼 수 있어야 하겠지요. 그와 같이 어떤 필요나 문제 상황을 볼 때에도 다양한 시각에서 살피고, 비틀거나 거꾸로 보고 생각해 보자는 것입니다. 왜냐하면, 시대가 변화하면서 사회도 달라지고 있고, 그에 따라 사람들의 요구 또한 달라지고 있기 때문입니다.

산업 사회에서는 산업의 효율성을 위해 정해진 매뉴얼의 차례대로 일을 하면 되었습니다. 하지만 변화하는 사회에서는 새로움과 다양성이 요구되고 있습니다. 사람들은 점점 새로운 것을 경험하길 원하고요. 그래서 발상의 전환이 필요하고, 그것을 통한 문제 해결력은 새로운 세상의 가치를 만들어 가기도 합니다.

장롱에서 잠자고 있는 정장을 기부 받아, 면접 등 필요한 때에 저렴하게 빌려 주는 '열린옷장'을 들어 본 적이 있나요? 땅에 묻어도 썩지 않고 땅속 동식물을 해치는 커피 찌꺼기 문제를 해결하기 위해 버섯 재배 키트를 만든 '꼬마농부'에 대해 들어 보셨나요? 단점을 장점으로 승화시키며 창직으로까지 연결시킨 예입니다. 이렇듯 현상을 새로이 보고 공동체와 함께 살아갈 수 있는 가치를 만들어 가는 힘, 자신은 물론 사회에도 의미 있는 변화를 만들어 가는 힘, 그것이 바로 발상의 전환과 문제 해결력입니다.

3. 소통과 공감하기

2015년 일본의 한 사찰에서 2006년 단종된 소니의 애완용 로봇 '아이보'의 장례식이 치러져 세계의 이목이 쏠린 적이 있습니다. 이후 사람의 감정을 읽어 대화가 가능한 페퍼라는 로봇은 은행, 커피 전문점, 대형 쇼핑몰 등에서 고객을 응대하는 일을 맡고 있습니다. 가장 '인간적'이라고 말할 수 있는 아이를 돌보는 역할까지 페퍼가 하고 있

* 류준영, 《감성로봇 신종족의 출현》, 머니투데이, 2017.1.3.
* 북인터뷰, 조선비즈, 《인간은 과소평가 되었다》.

고요. 그 외에도 MIT(매사추세츠공과대)가 개발한 가정용 친구 로봇 '지보', 독거노인 간병 로봇인 '미로' 등은 소외된 사람들을 웃게 하고 대화도 나누는 존재가 되고 있습니다.* 그러다 보니 많은 학자들이 사람만이 할 수 있는 일은 도대체 무엇일까 하는 의문을 제기하고 있습니다.

미국 종합 경제지 포춘의 편집장 제프 콜빈(Geoff Colvin)은 상호행위를 통한 공감 능력은 인공 지능이나 로봇이 결코 따라갈 수 없는 분야라고 말했습니다. 실제 기계로 대체 불가능한 일은 거의 없지만, 상대를 진심으로 이해하고 위로하며 같이 기뻐하는 공감 능력은 인간만이 할 수 있다고 합니다. 어떤 사람도 장례식장을 방문한 로봇에게서 위안을 얻진 못할 것이며, 화가 난 고객에게 진심으로 사과하고 마음을 돌리는 것도 공감 능력을 갖춘 인간만이 가능한 일이라고 합니다. 그러면서 "인공 지능의 등장에 겁먹을 필요는 없다. 기계를 이기려 하거나 인간보다 못하는 것이 무엇인지 찾기보다는 인간의 본성에 집중하라." 하고 조언했습니다.

또, 인간이 다른 인간에게서 가장 많이 얻고자 하는 것을 제공하는 능력이 앞으로 높은 가치를 인정받을 것이라고 말했는데, 그것이 바로 공감입니다.* 인간의 본성이며 뛰어난 능력인 공감하기, 눈빛과 목소리로 그리고 마음으로 공감하기와 그 바탕이 되는 소통하기, 그리고 그것으로 만들어 가는 관계 맺기는 인간다움을 묻는 우리들에게 인간다움을 갖는 유일한 방법일 수 있습니다.

4. 배려와 협력하기

우리나라는 굴곡이 많은 현대사를 가지고 있음에도 불구하고 전 세계가 주목할 만한 성장을 했습니다. 그 이유 중 하나는 부모가 희생하면서도 자녀만은 교육시키려고 했던 앞선 세대의 교육열이었지요. 그 교육열은 산업 사회가 요구하는 전문성을 지닌 인재들을 키웠습니다.

그런데 산업 사회 전문성의 전제는 무엇일까요? 그것은 바로 '분업'입니다. 분업은 전문화된 개인의 일만 하면 되는 것으로, 실적을 내는 효율성이란 측면에서 보면 아주 성과가 좋지요. 하지만 현재는 개인의 전문성보다 공유를 통해 새로움을 만들어 가는 시대입니다. 네트워크를 통해 자신의 생각을 나타내면, 그에 더하여 더 좋은 생각으로 발전하며 새로운 것을 만들어 가고 있습니다. 이른바 집단 지성의 힘을 발휘하는 시대가 된 것이죠. 이 시대에 아이들이 배워야 할 것은 혼자 결과물을 만들고 자기만 소유하는 것이 아니라, 나누는 공의이며 풍요로운 사회를 함께 만들어 가는 것입니다.

아이들에게 행복한 기억을 말해 보라고 하면, 가족 또는 친구와 함께 있었던 일을 이야기합니다. 개인의 행복 또한 사회 속에서 함께할 때라야 가능하다는 얘기겠지요. 그래서 우리는 사회와 함께하는 법, 타인과 함께하는 법을 배우게 해야 합니다. 집단 지성으로 세상을 의미

있게 바꿔 가는 소중한 경험을 학교라는 공간에서 경험토록 해야 할 것입니다. 교육 과정 안에서 서로 존중하고 배려함으로 협력이 가능하다는 것을 알게 하고, 협력을 통해 무엇인가를 성취하고 뿌듯함을 몸으로 느끼도록 해야 할 것입니다.

5. 삶의 방향성과 여유로움

산이나 오름을 올라가다 보면 풍경을 눈에 다 담지 못할 때가 많습니다. 그래서 같은 곳으로 내려와도 마치 처음 보는 듯한 꽃이나 나무, 풍경이 새삼 눈에 들어오곤 합니다. 올라갈 때는 보지 못했던 꽃이나 나무가 다시 보이기 시작하는 것이죠.

그런데 왜 우리는 올라갈 때 그 꽃을 보지 못할까요? 목표 의식과 욕심 때문은 아닐까요? 물론 목표와 욕심은 우리 삶에 많은 활력을 주고, 살아갈 수 있는 동기가 됩니다. 산에 오를 때, '꼭 정상에 오르고 말 테야.'라는 마음가짐이 있어야 포기하지 않고 오를 수 있는 것처럼 말입니다. 그런데 그렇게 치열하게 올라가다 보면 많은 들풀과 들꽃, 숲의 다양함은 보지 못한 채 올라가기 일쑤입니다. 그래서 산을 올라갔다가 내려온다는 것이 얼마나 다행한 일인지 새삼 느껴 봅니다.

하지만 우리 인생은 한 번 살아 보고 또 살 수 있는 것이 아니기에 그 시기와 과정에서 생각해야 할 것, 느껴야 할 것들을 느낄 수 있어야 합니다. 속도에 치우쳐 빠른 시간 안에 실적이 나와야 하는 속도 중심의 삶에서 벗어나 그 시기에 둘러봐야 할 것, 소중한 것, 아름다운 것을 찾을 수 있는 여유로움과 가치 있는 삶의 방향성을 배워야 합니다. 그래야만 자신이 원하는 삶과 하고 싶은 것을 찾고, 삶이란 테두리 안에서 현재의 행복 퍼즐을 맞추어 갈 수 있을 테니까요.

6. 소소한 일상에 몸으로 부딪히기

커리어넷에서 어느 대학원생을 상담한 적이 있습니다. 대학원에 다니면서도 전공이 자신과 맞는지 확신하지 못했고, 그때까지도 자신이 좋아하거나 잘하는 것에 대해 알지 못해 전공 공부를 계속 해야 하나 고민하고 있었습니다. 왜 이런 이야기로 시작하느냐면, 대학원에 다니는 20대 중반 성인도 자신에 대한 탐색이 되지 않은 경우가 많다는 것을 말하고 싶기 때문입니다.

사실 자기 탐색이란 참 어렵습니다. 성인이라도 자신에 대해 자신 있게 말할 수 있는 사람이 얼마나 될까요? 그리 많지 않지요. 왜 그럴까요?

첫째는 자녀가 많아야 둘 정도인 핵가족 사회에서 자녀를 지나치게 돌보다 보니 자녀 스스로 활동하는 일이 제한된다는 점입니다. 자녀에게 무엇인가 할 기회를 주는 것이 아니라 부모가 해 주거나 돈으로 해결하는 경향을 말하는 것입니다.

둘째는 자녀에 대한 모든 관심을 공부에 맞추기 때문입니다. 공부를 한다고 했을 때 다른 모든 것을 제치고 공부만 하도록 하는 집안 분위기 말입니다. 그러다 보니 몸을 움직여 할 수 있는 것이 없고 자신에 대해 생각할 수 있는 시간조차 허용되지 않습니다. 공부하는 기계처럼 문제집만 풀며 오로지 좋은 대학이라는 목표만을 위해 살아가는 경우가 많습니다.

물론 그렇지 않은 가정도 있겠지만 학교에서 만난 중학생 아이들이 풀칠이나 가위질 등 사소한 것도 스스로 하지 못하는 경우가 의외로 많습니다. 우리가 살아가려면 몸을 움직여 기본적으로 해야 할 것들이 있습니다. 가정에서 정리 정돈, 음식 만들기, 청소하기, 빨래하기, 화분 가꾸기 등 소소한 것들 말입니다. 이런 것들이 개인의 흥미나 적성을 발견하는 아주 중요한 요소가 될 수 있습니다.

예를 들어, 다른 사람이 정리해 놓은 책장을 보고 마음에 들지 않아 책의 크기나 두께, 유형별로 다시 정리하는 친구를 본 적이 있습니다. 이런 친구는 무엇을 분류하고 정리하는 것을 아주 잘하는 친구이죠. 정리 정돈을 잘하는 것, 그것이 바로 그 학생의 강점이 될 수 있습니다. 그래서 다른 쪽에서는 발현되지 않은 창의성이나 몰입도가 그 분야에서 발현되는 것을 볼 수 있습니다. 작은 발견 같지만, 이러한 것들이 개인의 특성을 만들어 내는 것입니다. 그러하기에 생활 속에서 몸을 움직여 다양한 활동을 해 보고 오감으로 느끼고 깨달아야 합니다.

7. 기록을 통한 의미 있는 경험의 재구성

경험은 자신의 특성을 발견하는 기회를 제공하기도 하지만 삶의 방향을 결정짓는 큰 요소가 됩니다. 우리가 생각하고 행동하는 것도 경험치 내에서 이루어지게 되지요. 그래서 폭넓은 경험을 해보지 못한 이는 삶의 영역과 사고의 폭이 좁을 수밖에 없습니다. 그런데 경험이 다양하고 많은 사람이라고 모두 삶과 사고의 폭이 넓다고 할 수 있을까요?

그것은 경험을 어떻게 의미 있게 구성해 가는가에 달려 있습니다. 경험한 것에 대해 돌아보고 자신만의 방식으로 의미 있는 것을 찾고 또 다른 의미를 부여할 때, 다른 사람들이 그것에 관심을 갖고 공감합니다. 그러하기에 학생(자녀)이 경험에 대하여 기록하고 경험을 재구성할 수 있도록 지도해야 할 것입니다.

그런데 요즘 학생들은 생각하기나 글쓰기를 별로 좋아하지 않습니다. 아니 싫어한다고 하는 것이 맞겠네요. 그러니 좋아하는 방식으로 기록하도록 하는 것이 좋습니다. 반드시 글이 아니어도 좋고, SNS나 블로그 활동이라면 더욱 좋겠지요. 자신의 이야기를 타인과 연계하여 공유하고 나누는 기회가 되니까요. 온라인상의 만남이지만, 타인과의 우연한 만남이 자신의 진로를 개척해 가는 과정에서 의미 있게 연결될 수도 있답니다.

8. 진로 유산 발견하기

이런 친구가 있었습니다. 공부를 아주 잘해서 많은 이들이 부러워하는 S대에 진학했습니다. 학부는 그럭저럭 마쳤답니다. 그런데 학부 졸업을 앞두고 자신이 원하는 것을 하고 싶다며 부모님께 진로 관련 독립을 선언했답니다. 하고 싶은 분야가 무엇이냐고요? 삼대가 망한다는 예술 분야였습니다. 누구도 그 친구가 예술 관련 진로를 선택할 줄은 꿈에도 생각하지 못했습니다. 그런데 그 이후 주변 사람들이 이렇게 말했죠. "피는 속이지 못한다."고.

맞습니다. 그 친구는 미술 교사인 엄마를 두었는데, 엄마는 그림은 물론 사진과 디자인 등 미술 관련 분야에 재능이 많은 분이었거든요. 부모의 재능과 끼를 물려받을 수밖에 없다는 결론인 것이죠. 그뿐만 아니라 인생관, 가치관, 직업관도 모두 물려받지요. 그래서 개인의 특성을 이해하기 위해서는 부모와 조부모 등 가계도 내에서의 특성을 이해하도록 하는 것이 필요하답니다. 그것을 우리는 진로 유산이라고 말합니다.

드라마 중에 양복점을 배경으로 한 작품이 있었습니다. 그 드라마에는 조부모의 유산을 늦게나마 알아채고 가업을 승계하며 생기는 여러 가지 갈등과 그것을 해결해 가는 과정이 등장합니다. 그럴 때마다 아버지의 인생관과 양복에 대한 가치관이 드라마 흐름에 큰 영향을 끼치며 문제 해결의 요소가 되었지요. 비록 드라마이지만 진로 유산과 관련하여 가족 구성원들의 직업에 대한 이해(직업과 직업관, 직업 적성과 흥미 등)는 자신을 발견하는 큰 기회가 됨을 알 수 있는 단적인 예라고 하겠습니다. 이 책 '내 뿌리 이야기(56쪽)'란 활동을 참고하기 바랍니다.

그런데 유의해야 할 점이 있습니다. 진로 유산을 이유로 자녀가 하고자 하는 다양한 방향성을 제한하지 말아야 한다는 것입니다. 진로 유산은 자녀의 숨은 특성을 찾고 자신이 현재 홀로 서 있는 것이 아니라 가정이란 울타리 안에서 형성됨을 알 수 있도록 도움을 주고자 하는 것입니다. "너에게는 집안 내력으로 이런 특성이 있으니 무조건 이렇게 해."라고 말하는 것은 아주 경계해야 할 태도입니다. 그리고 가치관은 일상생활에서 자연스럽게 형성되는 것이지 강요하여 만들어지는 것이 아닙니다. 직업관 등에 대한 가치관과 태도는 부모로 살아가면서 보여지도록 노력해야 할 것입니다.

9. 주체적인 의사 결정 습관 기르기

오늘날 부모로 살아가는 어른들은 산업 사회의 주역입니다. 이 나라를 이만큼 발전시키기 위해 끊임없이 노력하고 치열하게 싸우며 사회의 풍요로움을 만들어 낸 분들이지요. 그런데 산업 사회의 치열함 속에서 살다 보니 산업 사회에서 꼭 필요한 '효율성'이란 것이 몸에 밴 경우가 많습니다.

무엇을 해도 빨리 해내야 하고, 경쟁에서 살아남기 위해 많은 스펙을 쌓으며 끊임없이 전진하여 실적을 내야만 했던 효율성 말입니다. 그런 속도와 효율성 속에 살다 보니 어느 순간 '나는 무엇을 위해 살고 있지?', '나는 도대체 무엇을 하는 사람인가?' 등 본질적으로 자신의 삶을 돌아보는 순간이 옵니다. 그럼에도 불구하고 대부분의 부모들은 "현실이란 그런 것이야."라며 자녀들에게도 여전히 효율성에 근거하여 살도록 강요(?)합니다. 그래서 현재의 행복을 담보 잡아 많은 것을 강제하며 의사 결정의 자율성을 주지 않는 경우가 많습니다.

올해 고등학교를 졸업하는 한 친구의 이야기를 잠깐 소개하겠습니다. 집에 있는 컴퓨터가 낡아서 고교 생활 중에 불만이 꽤 있었던 모양입니다. 그래서 대입을 앞두고 아르바이트를 하였답니다. 그러곤 그 불만스러운 고물 컴퓨터 대신에 자신의 마음에 드는 새 컴퓨터를 샀습니다.

여러분의 자녀가 이렇게 했다면 그다음 상황은 어떻게 되어 있을까요? 이 친구의 엄마는 크게 야단을 쳤다고 합니다. 자기 마음대로 컴퓨터를 샀다고 말입니다. 그런데 이 상황이 야단을 쳐야 하는 상황일까요? 물론 의논하지 않고 덜컥 사들였다는 것은 부모에게 불만 사항이 될 수 있습니다. 특히 청소년에게는 큰돈이라고 생각하기에 말입니다. 그런데 이 친구는 부모에게 컴퓨터를 바꿔 달라고 한 것이 아니라 스스로 노동을 하여 구입하였습니다. 정당한 일을 해서 돈을 벌었고, 게임을 하거나 친구들과 흥청거리며 쓸 수도 있었지만 자신에게 필요한 물건을 구입하기로 결정한 것입니다. 그렇다면 오히려 대견하다고 말해 주어야 했던 것은 아닐까요? 스스로 노력하여 얻어 낸 것이 어떤 느낌인가를 물으며, 앞으로도 필요한 것들을 스스로 해결해 가도록 격려하고 지지해 주고 말입니다.

자녀는 자율적이고 독립적인 존재입니다. 그러하기에 주체적인 의사 결정권을 가질 수 있도록 해야 합니다. 조그마한 선택에서부터 상급 학교나 진로 등 삶을 선택하는 것까지, 아직 미숙하기 때문에 의사 결정의 오류는 당연히 있습니다. 하지만 그 오류를 스스로 돌아보고 알아내어 또 다른 선택을 할 수 있도록 기다려 주고 지켜보며, 스스로 설 수 있도록 가장 가까이에서 응원해야 할 곳이 바로 가정입니다. 그러하기에 용돈 관리, 자기 방 꾸미기, 친구 사귀기, 취미 활동이나 아르바이트 등 다양한 삶의 영역에서 자녀가 주체적으로 결정하고 그에 대해 책임질 수 있도록 기회를 많이 만들어 주는 것이 자녀 스스로 인생을 살아가도록 하는 토대가 될 것입니다.

10. 세상의 변화 알아채기

우리 사회에서 크게 이슈가 되었던 책 중《누가 내 치즈를 옮겼을까?》라는 책이 있습니다. 현대를 살아가는 이들에게 많은 생각거리를 주었던 책입니다. 이 책에서는 현재 생활에 안주하기보다는 변화를 알아채야 함을 강조하고 있습니다. 그리고 자신이 원하는 바를 얻기 위해서 현재 상황을 직시하고 문제 해결의 방법을 찾아야 한다고 강조했습니다.

이는 불확실한 사회를 살아가는 현재의 우리들에게 꼭 필요한 조언이라 생각됩니다. 세상의 변화를 알아채는 것 말입니다. 그렇다면 어떻게 해야 세상의 변화를 알아챌 수 있을까요? 지속적으로 사회를 바라보면 됩니다. 주변에서 무슨 일이 일어나고 있고, 새로운 상품은 어떤 것이 있으며, 발상을 전환하여 새로운 것을 만들어 내는 사람들은 어떤 사람들인지 수시로 살필 수 있으면 됩니다. 무엇을 통해 보느냐고요? 바로 뉴스입니다. 텔레비전 방송이나 신문, 인터넷 뉴스 중에매체를 선택하여 자녀와 함께 보고 생각을 나누는 시간을 가져 보는 것 말입니다.

세상을 본다는 것은 사람을 보는 것입니다. 사람들이 변화하는 사회에 어떻게 적응하고 또 다른 변화를 꾀하고 있는가를 보는 것이죠. 그럼으로써 세상 사람들이 무엇을 요구하는지 그 필요를 알 수 있습니다. 그리고 사람들의 필요를 자신이 가진 특성과 역량으로 어떻게 충족시킬까 생각한다면 자신과 사회가 함께 행복할 수 있는 진로를 찾을 수 있는 기회가 될 것입니다.

Chapter 03

진로, 비주얼을 만나다

우리 집 아이들이 어렸을 때 영어 단어를 외우게 하려고 어학 기계를 산 적이 있습니다. 단순히 말을 여러 번 반복하게 하는 것이 아니라, 단어의 뜻에 어울리는 그림을 제공하여 뜻을 알 수 있게 구성되어 있었습니다. 그것을 여러 번 반복하다 보면 단어에 대해 특별하게 생각하지 않더라도 쉽게 기억되었습니다. 비단 영어 단어만이 아닙니다. 까마득히 잊고 있었지만, 아이들이 한글을 처음 배울 때도 시작은 그림으로 했었거든요.

최근에는 많은 사람들이 스마트폰으로 소통하면서 이모티콘을 씁니다. 어쩌면 그렇게 상황에 맞는 이모티콘을 잘 쓰는지…. 이모티콘을 보면서 웃음이 나기도 하고 괜히 즐거워집니다. 말을 길게 주절주절 쓰는 것이 귀찮아서 이모티콘을 쓴다는 이도 있지만, 이모티콘이 언어를 대체하면서 이모티콘만으로 의사소통하는 '이모즐리'라는 메신저가 등장한 것을 보면, 이모티콘만의 장점이 분명 있어 보입니다.

또, 최근 학교에서는 '비주얼씽킹'이란 방법을 수업에 활용하기도 합니다. 비주얼씽킹이란 생각을 시각적으로 표현하는 것인데, 학습하는 내용을 간단한 글이나 도형, 기호, 색상을 이용하여 표현하는 방법입니다. 특별히 미술에 대한 감각이 없더라도 표정이나 기호 등을 변형하고 활용하여 자신만의 방식으로 배운 내용을 정리하고 시각화하여 표현해 보는 것이지요.

그렇다면 왜 이렇게 이미지를 많이 사용하고 있을까요? 먼저 이미지의 좋은 점을 몇 가지 찾아볼까요?

첫째, 이미지가 글보다 먼저 눈에 들어온다는 점입니다. 정보 전달력이 효율적이기 때문에 이해가 빠르고 오래 기억할 수 있습니다.

둘째, 관심을 끌고 집중하게 합니다. 이미지 자료를 보여 주면 다른 일을 하다가도 순간적으로 집중하는 경향이 있습니다. 또, 텍스트로만 학습하는 경우보다 좀 더 오래 집중합니다.

셋째, 쉽고 속도 조절이 가능합니다. 텍스트 자료보다 이미지 자료를 보여 줄 때 쉽게 이해하는 경향이 있습니다. 그리고 텍스트로 따라가지 못하는 속도를 조절할 수 있다는 특징이 있습니다.

넷째, 남녀노소 누구나 부담 없이 활용할 수 있습니다. 이미지 자료라고 하면 아이들이나 좋아하는 것이라고 생각할 수도 있습니다. 그런데 어른에게 활용할 때, 더욱 깊은 생각과 의미를 끌어낼 수 있습니다.

다섯째, 상상력과 창의력을 함께 키울 수 있습니다. 창의란 새롭게 만들어 내는 것이 아니라 자신이 가지고 있는 것, 이미 있는 것을 활용하여 새로운 가치를 만들어 내는 것입니다. 이미지를 보며 그것을 해석하려는 노력만으로도 작가의 의도와는 다른 무궁무진한 상상의 세계를 만들어 낼 수도 있습니다. 이미지로 표현하는 활동은 더 말할 나위가 없고요.

여섯째, 모든 이미지는 이야기를 담고 있습니다. 단지 그 이미지와 관련된 개인의 경험에 의해 다르게 말할 뿐이죠. 그러기에 각자의 경험을 이미지를 통해 의미 있게 재구성할 수 있는 장점이 있습니다.

알베르트 아인슈타인은 "나는 책의 글자나 다른 사람의 말을 언어 그 자체로 생각하지 않는다. 나는 그것들을 살아 움직이는 영상으로 바꾸어 이해한다. 그리고 나중에 그것을 다시 언어적으로 풀어낸다.*" 고 하며 이미지화하는 작업에 대해 말했습니다. 아인슈타인이 연구에서 많은 성과물을 낼 수 있었던 것, 그것은 바로 이미지화를 하며 큰 그림으로 만들어 내는 능력이 있기에 가능했던 것은 아닐까요?

교실에서 물건이나 그림을 보여 주며 이야기를 시작할 때, 그냥 시작할 때와는 사뭇 다르게 집중되는 분위기를 만들어 갈 수 있습니다. 매체는 의사소통을 원활하게 하는 중요한 역할을 합니다. 심지어 다양한 매체를 교실 책상 위에 꺼내 놓기만 하더라도 스토리텔링이 될 때가 많답니다. 다양한 형태의 실물을 보았을 때, 생각했던 것보다 훨씬 풍성하게 이야기를 만들거든요. 하지만 교실이란 여건은, 많은 실물을 준비하기에 한계가 많습니다. 그러하기에 대체 가능하면서 아이들의 이목을 끌 수 있는 것이 필요하답니다. 대표적인 것이 바로 이미지입니다.

* 티타임즈, 《철학자의 한 줄》.

이미지 자료는 시중에서 팔고 있는 것도 있지만,

우리 주변에도 많기 때문에 굳이 구입할 필요는 없습니다. 주변에서 볼 수 있는 것들을 조금씩 모아 둔다면 필요할 때 금방 찾아 쓸 수 있을 것입니다.

우선 활용도가 높은 것은 잡지 이미지입니다. 잡지는 주제에 따라 정말 다양한 그림을 찾을 수 있습니다. 인물, 배경, 생활 소품 등 다양한 자료를 모아 쓸 수 있지요. 그 크기가 달라 다양하게 쓸 수 있고, 활동지에 붙여 사용하기에도 편리합니다. 또한 적합한 이미지를 찾는 과정에서 관점을 전환해 그동안 생각하지 못했던 것을 다시 한 번 생각할 수 있다는 장점도 있습니다.

다음으로 활용도가 높은 것이 탁상 달력의 그림 자료입니다. 크기와 두께가 적당하여 전체에게 보여 주거나 모둠 내에서 들고 사용하기 편리합니다. 접착 메모지를 활용하여 간단히 메모하며 스토리텔링하기에도 좋습니다.

신문의 이미지도 활용할 수 있습니다. 신문은 그 자체에 정보가 가득하기 때문에 학생들의 경우 신문이 놓여 있기만 해도 읽어 냅니다. 이미지를 보자고 해도 읽어 내는 장점이 있지요. 그러면서 이미지도 찾고 다양한 표현법들을 익힐 수 있는 자료입니다.

이외에도 주변의 모든 이미지들이 학습 자료가 됩니다. 단지 번거롭고 들쭉날쭉해서 보관하기가 힘들어 잘 모아 두지 못하는 경우가 많습니다. 그래서 규격화된 상품을 구입하여 쓸 수도 있는데, 대표적인 것으로 이 책에서 주로 쓰고 있는 이야기톡 그림 카드가 있습니다. 크기가 활동지로 만들어 쓰기에 적합하고 스티커로 된 제품도 있어서 편리하게 사용할 수 있습니다. 또 다양한 내용을 포함하는 이미지 덕분에 여러 상황을 표현할 수 있다는 장점도 있습니다. 이외에도 프리즘 카드, 솔라리움 카드, 감정 카드, 빅 픽처 이미지 카드 등도 다양한 주제로 활용할 수 있는 도구랍니다.

이미지를 활용한 스토리텔링 방법

☑ 가. 연상되는 그림 고르고 이야기하기

가장 흔하게 할 수 있는 스토리텔링입니다. 이미지를 보고 자신의 생각과 일치하거나 비슷한 것을 고르고 이야기를 해 나가는 방식입니다. 예를 들어 '내가 생각하는 사랑이란?'이라는 주제가 주어졌다면 많은 이미지 중 자신이 생각하는 사랑의 이미지와 비슷한 이미지를 고르고 그와 관련된 이야기를 엮어 가는 방법입니다. 일종의 '정의 내리기'로, 자신의 경험과 관련된 이야기를 풀어내도록 하는 것입니다.

☑ 나. 간단한 이야기 만들기

그림을 보며 원작자의 의도와는 상관없이 자신만의 방식으로 해석하고 느낀 것을 토대로 이야기를 만들어 가는 활동입니다. 한 장의 그림을 가지고 할 수도 있지만, 여러 장의 그림을 연결하여 할 수도 있습니다. 처음에는 자유 주제로 이야기를 시작해 보고, 결말을 정해 놓고 결말까지의 과정을 스토리텔링 할 수도 있습니다. 개별 활동이나 모둠에서 차례로 돌아가며 각자의 이야기가 하나의 주제로 연결되도록 만들 수도 있습니다.

☑ 다. 이미지 조각 맞추기

만화의 경우, 4컷이나 8컷에 하나의 주제를 담고 있는 경우가 있습니다. 예를 들면, 《광수생각》과 같은 것 말입니다. 원작자의 이미지 차례와 상관없이 각자가 이미지를 맞춰 보며 새롭게 구성하게 하는 방법입니다. 물론 이미지를 잘라 뒤죽박죽된 상태에서 할 수 있도록 해야 하겠지요.

다른 방법으로는 한 컷의 사진이나 그림을 8조각 정도로 자른 후, 그 조각을 맞추는 과정에서 그림을 관찰하며 이야기를 생각하고 나누는 방법도 있습니다. 또, 한 컷의 이미지를 보여 주고 그림을 해석하고 앞뒤의 사건을 생각하며 전체 이야기를 만들어 보도록 하는 활동도 연결하여 할 수 있겠지요.

☑ 라. 한 컷 이미지 그리기

글을 읽고 나서 결론에 대해 상상하며 한 컷을 그리는 방식이 있습니다. 물론 이와 비슷하게 전체 소감을 한 컷 그림으로 그리는 것도 할 수 있고요. 단편 이야기를 읽고 나서 몇 컷의 만화로 표현해 보는 것도 많이 사용하는 방법입니다.

만화에서 컷과 컷 사이에 개연성 있는 장면을 상상해서 그려 보는 활동은 조금 수준이 있는 스토리텔링 활동이라고 할 수 있습니다. 또는 만화의 말풍선을 지우고 자신만의 이야기로 새롭게 구성하는 활동도 할 수 있습니다.

☑ 마. 노래 가사로 스토리보드 만들기

대부분의 청소년은 대중가요를 아주 좋아합니다. 그러기에 대중가요의 가사를 이용하여 스토리텔링 할 수도 있습니다. 대중가요의 가사에서 하나의 질문을 따오고 그 질문에 따른 이야기를 이미지와 함께 스토리보드로 만들어 보는 활동입니다. 예를 들어 〈사노라면〉이란 노래에서 '사노라면 언젠가는 밝은 날도 오겠지'란 가사를 보고 "이 노래의 주인공에게는 무슨 일이 있었을까?" 하고 질문을 던져 보는 것입니다. 그리고 이미지 자료를 활용하여 스토리보드로 표현하는 활동으로 연결합니다.

Chapter 04

진로, 이야기를 만나다

"얘들아, 선생님은 전생에 하늘나라에 사는 천사였대. 그런데 하느님이 아끼는 나무를 선생님이 꺾어 버렸대. 그 벌로 인간 세상에 가서 많은 사람들에게 도움을 주며 살고 오라고 이 세상에 보낸 거래. 그래서 선생님은 너희들이 잘 성장하도록 도움 주는 일을 해야만 해. 그러니 선생님이 너희를 도울 수 있도록 기회를 주겠니?"

학년을 시작하는 첫 시간에 아이들에게 하는 이야기입니다. 아이들의 반응이 궁금하다고요? 당연히 난리가 나죠. 아이들은 전혀 천사라고 하고 싶지 않다는 거예요. 그리고 이러쿵저러쿵 자신들의 이야기를 합니다. 그래서 아이들과 첫 시간을 서먹하지 않게 시작하지요.

이런 것이 스토리텔링이랍니다. 어려운가요? 어렵다고 생각할 수도 있습니다. 구성을 장편으로 생각하고 스토리텔링의 특성까지 파악해야 한다면 말입니다. 하지만 누구나 자기 이야기하기를 좋아한답니다. 그러니 편하게 자신의 경험과 관련된 이야기를 한다고 생각하고 시작하면 된답니다. 오늘 있었던 일, 아니면 얼마 전 있었던 일, 학교에서 같이 경험한 일을 가지고 재미있게 이야기하는 생각으로 시작해 보는 것은 어떨까요?

좀 더 체계적으로 하고 싶다고요? 그렇다면 다음 몇 가지를 생각하며, 체계적인 진로 교육으로 한 걸음 더 들어가 보겠습니다.

1. 관계 맺기

학교에서 수업을 하거나 다른 선생님의 수업을 볼 때, 수업이 잘되는 반은 나름의 이유가 있습니다. 뭔가 아주 특별한 것은 아니지만 전체적인 분위기가 자유로우면서도 경계가 잘 서 있는 느낌을 받지요. 그 이유는 무엇일까요? 교사의 준비일까요? 물론 그럴 수도 있겠지요. 그동안의 경험에 의하면, 준비를 똑같이 했음에도 반응이 다르게 나옵니다. 그래서 고민해 보았습니다. 그리고 결론을 내렸습니다. 그 이유는 바로 '관계성'이었습니다. 교사와 학생 간, 학생들 간의 관계 맺기가 어떻게 되어 있느냐에 따라 수업 분위기가 아주 달라질 수 있다는 것입니다.

먼저 아이들 간의 관계가 무척 중요합니다. 청소년 시기인 아이들에게 가장 중요한 관계는 바로 친구입니다. 또래 집단인 것이죠. 또래 집단 안에서 서로가 인정해 주는 분위기가 우선 형성되어야 합니다. 비난 받지 않고, 존중 받으며 격려 받는다는 느낌이 드는 관계가 되어야 스토리텔링으로 진로를 풀 수 있습니다. 왜냐하면 자신의 이야기를 꺼내고 미래의 생각까지 풀어내야 하니까요.

특히 자신의 이야기를 꺼내고 비난 받은 경험이 있는 학생이라면 입을 열고 싶지 않겠지요. 그러니 학생들이 서로 인정하는 분위기를 만들기 위해 노력해야 할 것입니다. 학생과 교사와의 관계 또한 그렇습니다. 아이들은 교사를 알아보는 눈을 가지고 있습니다. 말로 하는 것만이 대화가 아님을 우리가 알고 있는 것처럼, 교사의 행동, 준비, 섬세한 배려 등으로 아이들의 마음을 열도록 해야 하겠지요. 그러기 위해서 청소년을 가르침의 대상으로만 생각하는 것이 아니라 그 자체만으로 귀한 존재임을 인정하는 것이 우선입니다.

2. 아이들의 이야기를 인정해 주기

진로를 스토리텔링으로 수업할 때, 모든 아이들이 진지하게 참여하지는 않습니다. 진로 성숙도가 다르고 흥미도 다르기 때문에 100% 모두 진지하지는 않지요. 그렇지만 관심을 보이며 진지하게 하려니 좀 거북하고, 그렇다고 하지 않으려니 그러면 안 될 것 같아 대충 시간을 때우려는 친구들이 있습니다. 그러면서 한 마디씩 툭툭 던지죠. 그런데 그 이야기들이 교사를 당황케 할 때가 있습니다. 너무나 장난스러운 이야기이거나 학생이라면 입에 담기 어려운 험악한 이야기, 또는 잔인한 이야기가 나오기도 합니다. 남학생인 경우는 성(性)적인 이야기로 분위기를 몰고 가려는 경우도 있고, 여학생들은 연애 이야기나 막장 드라마 같은 이야기를 많이 합니다. 너무나 황당한 이야기도 있고, 비현실적인 이야기도 많이 한답니다.

그런데 그러한 이야기들을 어른의 시선으로 보지 말아야 한답니다. 어쩌면 그것이 자신의 정체성을 표현하는 것일 수도 있습니다. 그것을 인정해 주고 왜 그러한 생각을 했는가에 대해서도 이야기를 들을 필요가 있습니다. 그러면서 다른 방향에서 긍정적인 점을 찾아 칭찬해 준다면 그것이 수업으로 집중을 이끌 수 있는 방법이 되기도 한답니다. 특히 황당한 이야기도 그렇게 상상할 수 있다는 상상력을 크게 칭찬해 주세요. 너무나 비현실적인 이야기에는, 현재의 모든 것들도 일어나지 않을 것 같은 상상의 세계를 꿈꾸었기에 가능했다고 말해 주세요. 언젠가는 그렇게 될 수 있다는 상상이 사회 변화를 만드니까요.

이렇듯 진로와 관련한 기초 역량을 연결하는 센스를 발휘하여 아이들의 이야기를 인정해 주기 바랍니다. 아이들도 해서는 안 되는 한계를 알고 있고, 인정받고 있음을 느끼면 한 발짝 나아가 더욱 즐겁고 재미있게 참여한답니다. 거꾸로, 당황하여 너무 심각하게 받아들인다면 오히려 그 반응을 재미있어 하고 분위기를 부정적으로 몰고 가기도 합니다.

참고로 정말 그러한 이야기들이 당황스럽고 받아들일 자신이 없다면, 활동 이전에 약간의 제약을 두고 시작하면 된답니다. "현실에 바탕을 두지만 좀 더 긍정적이고 희망적인 면으로 생각해 보는 것이 좋겠어요." 등의 멘트를 하여 원하는 방향으로 제약을 둘 수 있습니다.

3. 다른 시각으로 질문 구성하기

스토리텔링으로 진로를 풀어내기 위해서는 개인의 이야기를 많이 끄집어 낼 수 있어야 합니다. 많은 경험을 한 친구들은 어떤 질문을 하더라도 자신의 이야기를 풀어낼 수가 있겠지요. 그런데 경험이 많지 않은 친구들은 쉽지 않습니다. 특히 좋아하는 것이나 잘하는 것 등 자기 탐색과 관련된 내용에서는 더욱 그러합니다. 이럴 때, 아이들이 좋아할 만한 것으로 질문을 바꿔 보는 것입니다.

예를 들어 "초능력이 있다면 너희들은 어떤 초능력을 갖고 싶니?"라고 물으면, 자신이 갖고 싶은 초능력을 말합니다. 다시 "왜 그렇게 생각하는데?"라고 하면 또 자신의 이야기를 막 풀어내지요. 그러면 그 이야기를 들으며 다시 질문을 하고 계속해서 이야기를 만들어 갈 수 있습니다.

이때 아이들의 이야기는 단순한 초능력의 이야기가 아닙니다. 가만 듣고 있노라면 자신이 좋아하는 것과 잘하는 것, 하고 싶은 것들이 다 포함되는 경우가 많습니다. 초능력으로 하고 싶은 것을 말하고, 그 하고 싶은 것은 좋아하는 것을 바탕으로 말하고 있거든요.

이런 것도 있습니다. 우리가 아이들에게 흔히 써 보게 하는 버킷 리스트, 해 보신 분들은 알겠지만 아이들에게 목록을 쓰도록 활동지를 주면 아이들이 정말 힘들어 합니다. 이때, 3일이라는 시간적 제약을 주고 "3일 뒤 아무것도 할 수 없게 된다면, 지금 무엇을 하고 싶은가?"

라고 질문을 바꾸면, 감정 이입이 되며 잘 정리합니다. 또, "나는 어떻게 살고 싶은가?"라고 질문하면, 정말 막막하고 어려워합니다. 이때, 여러 가지 묘비명과 그에 얽힌 이야기를 들려주고 나서 "나의 묘비명을 한번 만들어 보자."고 말하면 자신이 어떻게 살아야 할 것인가에 대해 고민하고 잘 정리합니다.

이처럼 시각을 조금 달리하여 구체적인 행동을 생각하게끔 아이들에게 질문한다면 훨씬 많은 이야기를 풍부하게 끌어 낼 수 있습니다.

4. 모둠 활동으로 상호 작용하기

청소년 시기에 있어서 또래 집단의 영향력은 한 번 더 강조해도 부족할 만큼 중요합니다. 학교에서 아이들은 교사로부터 배우는 것보다 또래에게 배우는 것이 더 많다고 해도 과언이 아닙니다. 또래에게 배우는 것이 눈높이가 맞고 서로 공감하는 감성에 훨씬 도움이 되는 것 같습니다. 그러기에 아이들이 상호 작용을 활발히 할 수 있도록 한다면 훨씬 풍부하게 진로를 풀어낼 수 있습니다.

그래서 다음 장부터 시작되는 진로 스토리텔링 강의 매뉴얼에서는 주로 모둠 활동을 전제하여 구성하였습니다. (물론 학생 수가 많지 않은 소규모 학급이나 소집단, 개별 상담은 개별 활동으로 충분히 풀어낼 수 있습니다.) 모둠으로 함께하면 아이들은 친구들의 상상력과 창의력, 문제 해결력을 볼 수 있습니다. 그것을 보는 것만으로도 생각의 깊이가 한 뼘 더 커지는 경우가 많으므로 모둠 활동으로 서로 상호 작용할 수 있도록 이끌어 주세요.

특히 모둠 활동을 하면 활동 과정에서 친구에 대해 알 수 있게 됩니다. 알게 되면 이해하게 되고 이해하면 사랑하게 된다는 말처럼, 친구 간의 관계가 돈독해집니다. 또 친구를 알게 되므로 서로 배려하며 아름다운 공동체를 만들어 갈 수 있습니다. 물론 그 반대의 경우도 없지는 않습니다. 서로 잘 알기 때문에 상처가 되는 말이나 행동을 하기도 합니다. 그러하기에 교육을 운영하는 선생님의 세심한 준비와 보살핌이 필요합니다. 가치를 재발견하고 긍정성을 발휘하는 방향으로 말입니다.

5. 학교 급별 진로 성숙도에 따른 교육 활동 재구성

수업 활동에는 변수가 참 많습니다. 초등학생인지 중학생인지 고등학생인지에 따라 다르고, 중학생 중에서도 학년에 따라 다르지요. 같은 학년이라도 도시에 사는지, 농어촌에 사는지에 따라서도 다릅니다. 또 같은 지역 내에서도 무슨 자극을 어떻게 받았는가에 따라 아이들은 천차만별입니다. 그러하니 규격화된 내용을 수업에 적용한다는 것은 정말 말이 안 되는 소리이지요.

그럼에도 불구하고 다음 장에서는 진로 수업에 바로 쓸 수 있는 다양한 활동을 안내하고 있습니다. 활동에 대해 알맞은 대상을 안내하고 수업의 흐름 잡기를 통해 대략적인 활동의 흐름을 소개하고 있습니다. 이렇게 소개하고 있지만 그대로 수업하길 바라는 것은 아닙니다. 아니, 그대로 수업이 이루어질 수가 없지요. 앞서 말한 대로 학생들의 특성이 다 다르기 때문입니다.

그러니 학생의 특성에 따라 조금씩 재구성할 수 있길 바랍니다. 특히 초등학생부터 가능하다고 한 활동이 많긴 하지만, 초등학생은 그 내용을 다 이해하기가 어려울 수도 있습니다. 그러면 재미있게 즐기며 받아들일 수 있는 정도로 운영하면 됩니다. 그리고 학년이 올라가면서 좀 더 심화된 경험이 반영되도록 활동을 운영하면 되지요. 학생의 특성을 파악한 후 과정을 약간 조정하거나 시간을 탄력적으로 운영할 수 있도록 재구성하길 바랍니다.

길을 가고 있는데 갑자기 눈이 내린다면 여러분은 어떻게 하시겠습니까? 어떤 이는 눈을 피하기 위해 근처 건물 안으로 들어갈 것입니다. 어떤 이는 찻집에라도 들어가서 차 한 잔 하며 창밖을 보겠지요. 또 어떤 이는 눈을 맞으며 가던 길을 계속 갈 것입니다. 저마다의 특징이 다르고 생각이 다르기에 정답은 없습니다. 진로 또한 마찬가지입니다. 정답은 없고 개인의 다양한 특징에 따라 달라져야 하지요. 그러기에 개인의 다양성을 바탕으로 스스로의 행복한 삶을 살아가도록 지지하고 격려하는 일, 그것이 바로 진로 교육입니다.

그러기 위해서 먼저 아이들 스스로가 자신의 특징을 잘 알 수 있도록 해야 한답니다. 그래서 이 책의 2장 '내 이야기를 어떻게 만들까?'에서는 삶의 이야기들을 통해 개인의 특징을 좀 더 쉽게 파악할 수 있도록 돕는 활동을 제안하고 있습니다. 특히 아이들의 생각을 돕는 도구를 활용하고 있기에 부담스럽지 않습니다. 자연스럽게 참여하도록 유도하고, 활동을 하다 보면 어느새 자신에 대해 많은 생각을 하고 정리할 수 있습니다.

3장 '세상에는 어떤 직업이 있을까?'에서는 직업과 관련된 활동을 제안하고 있습니다. 행복한 삶을 영위해 나가는 일은 직업을 떠나서는 생각할 수 없습니다. 그런데 너무나 급변하는 요즘은 세상의 필요를 살피고 새로운 것에 도전할 수 있는 직업 교육이 필요합니다. 그래서 직업에 대해 새롭게 인식하고, 선택하는 직업이 아니라 만들어 가는 직업까지 확장하여 생각할 수 있도록 활동을 제안하고 있습니다.

마지막 4장 '나의 미래는 어떤 색깔일까?'에서는 미래에 대해 생각해 보고자 했습니다. 미래에 대해 단순한 로드맵을 짜는 것이 아니라, 삶에서 실제 일어날 수 있는 여러 가지 경우를 고려하며 각 과정에서 주체적으로 문제를 해결할 수 있는 힘을 기를 수 있도록 구성했습니다. 또한 지금까지 자신의 삶을 구체적으로 살펴 기록하여 미래를 위한 디딤돌이 될 수 있도록 하였습니다.

그리고 매 활동마다 인문학적인 사고를 통해 왜 그 활동이 필요한가 생각할 수 있게 하였고, 수업 포인트를 통해 핵심 메시지를 잡아 줍니다. 수업 흐름 잡기를 통해 활동의 전반적인 방향을 안내하였고, 교실

현장에서 바로 쓸 수 있도록 활동지도 수록했습니다. 향후 활동을 안내하여 심화 활동으로 연결할 수 있게 구성하였고요.

모든 과정은 기본적으로 교실 수업 현장에서 쓸 수 있도록 구성하였지만, 개인적인 상담은 물론 집단 상담 과정에서 학생(또는 자녀)이 요청하는 분야를 찾아 충분히 활용할 수 있습니다.

자, 지금부터 '진로 스토리텔링'을 본격적으로 시작해 볼까요?

PART

02

내 이야기를 어떻게 만들까?

Chapter 01

내 뿌리 이야기

가족(혈연관계)을 통해 나의 특성을 발견해 보는 활동

활동 대상	초등 중학년 이상	소요 시간	약 50분
영역	자아 이해와 사회적 역량 개발	활동 방법	개별 활동
준비물	워크시트, 이야기톡 스티커, 색연필 등 채색 도구, 잔잔한 음악		
핵심 역량	자기 관리 역량(자기 이해 역량, 자기 정체성 확립)		

1단계 스토리텔링 인문학

부모의 행동이나 외모를 꼭 닮은 아들이나 딸을 영어로 'a chip off the block'이라고 표현합니다. 문자 그대로 해석하면 큰 덩어리에서 떨어져 나온 한 조각이라는 의미로 부모와 자식과의 관계를 참 선명하게 보여 줍니다. 대체적으로 태어나면서부터 발견되는(constitutional) 정서, 행동 및 주의 영역에서 나타나는 비교적 안정되게 유지되는 반응성(reactivity), 반응성에 대한 자기조절(self-regulation)에 대한 개인차를 '기질'이라고 합니다. 이와 유사하게 사용되는 '성격'은 기질과 환경의 상호작용을 통해 후천적으로 습득된

성질이나 품성을 의미합니다.

기질과 성격은 우리 개인의 인성을 이해하는 데 중요한 역할을 합니다. 때로 우리는 미처 의식하지 못했던 부모의 특성을 우리 스스로에게서 발견하고 깜짝 놀라곤 합니다. '내 뿌리 이야기' 활동은 잘 안다고 확신해 온 나 자신을 다시 생각해 보고 발견하는 시간이 될 것입니다. 또 주변 사람들과 자신이 어떻게 서로 영향을 주고받았는지 살펴볼 수 있을 겁니다. 지금 내가 중요하게 생각하는 가치관이나 신념은 어디에서 시작되었을지, 그 뿌리를 찾아가 볼까요?

* 임지영·배윤진, 《Rothbart 유아용 기질 척도(Children's Behavior Questionnaire)의 타당화》, 경북대학교 아동학부 아동가족학전공 육아정책연구소, 2015

❶ 부모를 통한 나 자신의 이해

많은 친구들이 자신이 무엇을 좋아하는지, 무엇을 잘하는지 또 어떤 사람이라고 정의하는 데에 어려움을 느낍니다. 그런데 외부의 자극이나 특정 상황에서 자신도 모르게 부모의 성품, 행동, 습관 등을 그대로 따라하는 자신을 발견하게 됩니다. 그래서 부모, 조부모 등의 특성을 살펴보면 자기 자신의 특성을 이해하는 데 도움이 됩니다. 그 특성을 삶에서 어떻게 보여주고 있는가를 살피고 그러한 특성을 자기 안에서 어떻게 성숙시킬까를 고민할 때 성장하는 자기 자신을 만나게 됩니다.

❷ 부모에 대한 재인식

부모로부터 물려받은 특성을 '진로 유산'이라고 표현하기도 합니다. 그런데 부모와 자신의 관계를 다양한 관점에서 생각하다 보면 미처 알지 못했던 부모의 특성을 확인하게 됩니다. 이러한 경험은 부모를 더 잘 이해하고 가까워지는 기회가 될 수 있습니다

2 단계 진로 스토리텔링 수업하기

수업 순서

1 가족(혈연관계) 중에 나에게 가장 많은 영향을 끼친 사람을 생각한다.

2 그 사람을 떠올렸을 때 생각나는 단어나 장면을 표현한다.

3 나 자신에게도 있었던 그 단어나 장면을 떠올려 표현한다.

4 '나의 장면'에 제목을 붙인다(그림을 그린 경우).

5 '나의 장면(단어)'을 긍정적으로 활용하는 미래의 모습을 그림으로 표현해 본다.

6 삶을 주도적으로 만들어 가는 자신에게 격려의 메시지를 남긴다.

수업 흐름 잡기

Ⓣ 나 자신을 이해하는 방법에는 여러 가지가 있습니다. 자신을 꾸준히 관찰하는 방법, 다른 사람을 통해 나를 바라보는 방법, 그리고 다양한 검사 방법도 있지요. 일반적으로 인간은 부모에게 물려받은 유전과 개인을 둘러싼 환경의 영향을 받아 발달한다고 합니다. 오늘은 가족(혈연관계)을 통해 자신의 특성을 찾아보는 시간을 가져 보겠습니다.

자, 이제 눈을 감아 보세요. 그리고 나의 가족 중 한 사람을 떠올려 봅니다. 할머니, 할아버지, 부모님, 큰아버지, 작은 아버지, 고모, 이모도 괜찮아요. 그중 나에게 영향을 가장 많이 주었다고 생각하는 사람을 떠올립니다. 그런 다음 그 사람을 생각하면 떠오르는 장면, 또는 단어를 워크시트에 표현해 주세요.

(학생들에게 워크시트를 나눠 준다.)

3분 경과 후

T 단어와 장면을 그리면서 우리 자신도 이와 유사한 경험이 있었던 사실이 생각나지 않았나요? 앞서 생각한 장면과 관련 있는 우리 경험을 글 또는 그림으로 표현해 봅시다.

(각자 해당 내용을 생각하고 표현하기. 3분 정도.)

T 위의 두 장면에서 발견된 가족(혈연관계)과 나의 공통적인 특성(좋아하는 것, 잘하는 것, 나의 성격, 중요하게 생각하고 있는 것 등)을 생각하여 정리해 봅시다.

3분 경과 후

T 이제까지의 내용을 같이 이야기해 볼까요?

(원하는 학생들이 발표할 수 있게 한다. 시간이 허락하는 범위에서 7명 정도 발표.)

T 지금까지 몇몇 친구들이 발표를 해 주었는데, 그렇다면 지금 자신이 생각한 특성을 긍정적으로 살려 앞으로 나의 삶에 어떻게 활용할 수 있을까요? 1년 뒤, 또는 3년 뒤, 또는 10년 뒤도 상관없습니다. 그 특성을 살려 만들어 가고 싶은 나의 이야기를 한 장면으로 표현해 봅시다. 글로 표현해도 좋아요. 그리고 삶을 잘 가꾸어 가는 자신에게 격려하는 말도 써 봅시다.

3분 경과 후

T 오늘 발견한 자신의 특성을 앞으로의 삶에 어떻게 적용시킬 것인지 지금부터 이야기를 나눠 보겠습니다. 원하는 친구 먼저 말해 볼까요? 그리고 자신에게 보내는 격려의 말과 그것을 쓴 이유도 함께 말해 준다면 좋겠어요. 이야기가 끝날 때마다 격려하는 의미로 큰 박수를 보내 줍시다. (학생들이 돌아가며 발표한다.)

T 오늘 활동을 통해 어떤 생각들을 했는지 함께 나눠 볼까요?
(활동 후 생각과 느낌 공유 및 활동에 대해 의미를 부여.)

T 자신을 안다는 것은 아주 중요합니다. 자신의 특성을 발견하고 이해할 때 삶의 구체적인 계획을 세울 수 있습니다. 계속해서 자신을 관찰하고, 주변 사람들과 많은 이야기를 나눌 수 있길 기대하며, 여러분의 긍정적 삶을 응원합니다.

교실에서 바로 쓰기

나의 뿌리 이야기

나는 어떤 특성을 가지고 있나요? 가족(혈연관계) 중 나에게 영향을 준 사람을 떠올리면서 나의 특성을 파악해 봅시다.

STEP❶ 나에게 영향을 준 가족(혈연관계의 다른 사람도 가능)

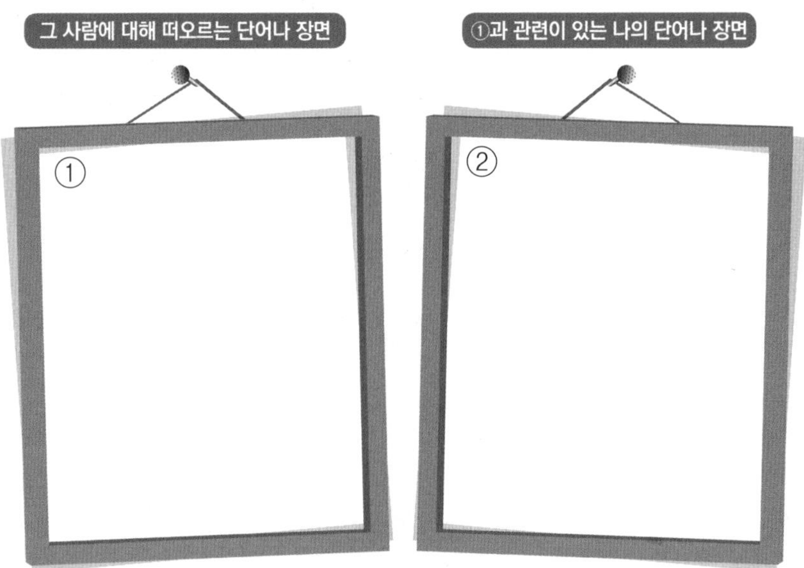

STEP❷ ①, ②의 장면을 설명해 보고, 그 속에서 공통적인 특성(내가 좋아하거나 잘하는 것, 성격, 가치관 등)을 찾아봅시다.

예 아버지는 운전하실 때 아무리 바빠도 안전 운전을 합니다. 저 역시 아무도 없어도 교통 신호는 꼭 지킵니다. 이러한 것으로 볼 때, 우리 둘의 공통점은 규칙을 잘 지키고 옳은 것을 실천하는 것입니다.

STEP❸ 나의 장면에서 발견한 특성을 긍정적으로 활용할 미래 나의 모습을 상상해 보고, 그중 한 장면을 그림으로 표현해 봅니다. 그렇게 살아가는 자신에게 격려의 말을 보내 봅시다.

긍정적으로 활용하는 장면

자신에게 보내는 한 마디

STEP❹ 활동 후 한 줄 나의 생각

변형 및 향후 활동 가족 나무 키우기

01 준비물 워크시트, 이야기톡 스티커

02 활용 방법 친할아버지, 친할머니, 외할아버지, 외할머니가 자주 하는 것, 좋아하는 것, 잘하는 것 등을 그림 스티커에서 골라서 붙인다. 그것을 통해 부모로부터 물려받은 자신의 특성을 한 번 더 확인한다.(할아버지, 할머니 대신 자주 만났던 친척 중에 선택할 수 있다.)

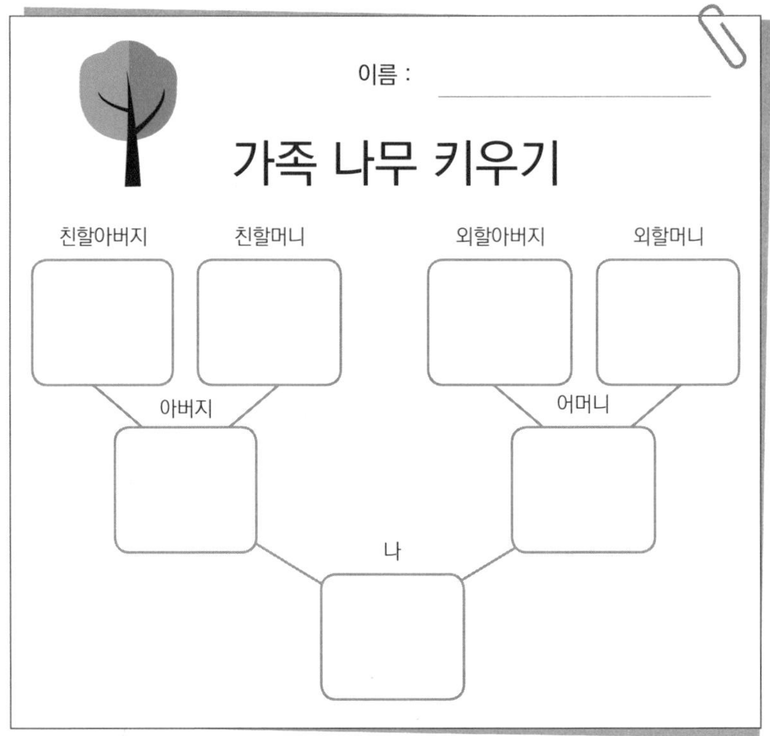

성격과 기질의 이해

다음 내용은 중·고등학생에게 어려울 수 있으므로
대학생 이상 성인 교육 시 참고하여 활용하기를 권합니다.

기질과 성격은 한 개인의 독특하고 비교적 일관된 반응 및 행동 패턴이라는 점에서 비슷하지만 다음과 같은 차이점이 있습니다.

기 질	성 격
유전적, 생물학적 기초	후천적, 기질과 환경의 상호 작용을 통해 습득
자극에 대한 첫 반응 경향성을 결정	자극에 대한 최종적인 대처 행동을 결정
변화가 어려움	기질에 비해 비교적 변화가 쉬운 편임
개인의 선호 성향, 좋고 나쁨이 없음	유전적, 적응 수준을 나타냄, 성숙할수록 좋음
대개 약물치료를 통해 다룰 수 있음	대개 심리치료를 통해 다룰 수 있음

〈출처: 한국도박문제관리센터〉

좋은 기질이란 것이 있을까요? 모든 기질은 긍정적인 면과 부정적인 면을 가지고 있습니다. 우리는 자신의 기질을 이해할 때 자기 자신을 더 잘 이해하게 됩니다. 그러한 이해는 우리 자신을 사랑하게 합니다. 뿐만 아니라 나와 다른 사람들을 이해하고 사랑하게 됩니다.

Chapter 02

인생 돋보기

과거 나의 경험 속에서 나를 소개하는 에피소드를 찾아내는 활동

활동 대상	초등 고학년 이상	소요 시간	약 50분
영역	자아 이해와 사회적 역량 개발	활동 방법	개별 또는 모둠
준비물	필기구, 인생 돋보기 게임판, 질문 카드, 말, 주사위, 워크시트		
핵심 역량	자기 관리 역량(자존감, 자기 효능감), 의사소통 역량(공감, 경청) 심미적 감성 역량(삶의 의미와 가치 발견)		

1단계 스토리텔링 인문학

고3인 선우는 대학 입시를 준비하며 자기소개서에 쓸 것이 없어서 고민하고 있습니다. 지난 고교 생활을 되돌아봤는데, 특별한 이야기가 없고 하루하루가 똑같다고 여겨졌어요. 평범한 '일상'인데 도대체 무엇을 써야 할지 막막하기만 했지요.

하지만 선우가 평범하다고 한 '일상'도 나름의 이야기를 가지고 있습니다. 단지 생각하지 못하고 특별한 것이 아니란 생각에 묻어 놓고 꺼내지 못한 것은 아닐까요? 다른 친구와 경쟁을 하여 순위를 매기는 '성적 이야기' 말고 선우만이 가진 유일한 '선우 이야기'를 찾는다면, 스펙만 나열한 무미건조한 소개서가 아닌 살아 있는 선우를 보일 수 있지 않을까요?

꼭 자기소개서만이 아니라 자신을 제대로 안다는 것은 정말 중요한 일입니다. 자신이 무엇을 할 때 행복한가를 찾고, 행복한 삶을 만들어 가기 위해 노력할 수 있으니까요. 이제 기억 저편에 있는 '나'의 이야기를 찾기 위해 함께 떠나 볼까요?

❶ 유일함으로 무장하면 누구와도 비교할 수 없습니다

유일함은 무엇일까요? 유일함은 오직 하나라는 말입니다. 그러하기에 남과 다르고, 순위를 매길 수도, 비교할 수도 없습니다. 그럼으로써 무엇과도 바꿀 수 없는 존재, 유일한 존재가 되겠지요.

1985년, 서울 여의도에 63빌딩이 완공되었습니다. 그 이후 한동안 서울 관광을 하려면 꼭 가 보아야 하는 필수 코스였어요. 가장 높은 빌딩이어서요. 하지만 지금은 '가장 높은'이란 수식어를 후발주자에게 물려주고 13위가 되었습니다. '가장', '최고'란 수식어는 언젠가는 다른 것으로 대체되는 것이 순리거든요. 그러나 유일함은 대체 불가능하답니다. 왜냐하면 오직 하나뿐이기 때문입니다.

아무도 따라 할 수 없는 나만의 경험으로 만든 에피소드는 세상에 단 하나밖에 없는 나의 것입니다. 나의 생각과 가치, 행동이 녹아 있는 나의 것이기 때문이지요. 〈밴티지 포인트(Vantage Point)*〉라는 영화에서는 8명

수업 Point

의 각기 다른 사람들의 시선으로 동일한 사건을 보고 에피소드들을 연결하며 어떤 사건을 해결합니다. 같은 사건이라고 하더라도 느끼는 감정이나 생각, 행동이 모두 다른 것을 알 수 있지요. 이처럼 우리는 자신만의 관점으로 유일함을 만들어 갈 수 있습니다.

❷ 일상 속 수많은 에피소드가 자신을 만듭니다

우리의 일상 속을 줌인(zoom-in)하여 들여다보면 매일 똑같은 것 같지만 사실 똑같지 않습니다. 친구와 이야기를 하느라 무심히 지나쳤던 등굣길의 꽃을 보며 어느 날은 계절을 느끼기도 하고, 어느 날은 그 꽃을 배경으로 셀카를 찍고 싶을 수 있겠죠.

특별한 일만이 나를 만드는 것은 아니죠. 매일매일 확연히 보이지는 않지만 사소한 일상들이 쌓여 오늘의 내가 서 있듯, 수많은 일상의 에피소드를 통해 오늘의 나를 만든 '생각과 가치'를 마주하게 됩니다. 그것은 곧 행동의 변화를 이끌고 삶의 변화까지 가능하게 하지요. 우리의 일상은 에피소드들이 더미로 저장된 '에피소드 은행'입니다. 미래를 위한 투자를 하려면 일상이라는 은행에 그동안 저축해 둔 에피소드를 찾아야 하죠. 그리고 수많은 에피소드 중에서 나의 '행동과 생각'이 잘 드러나는 에피소드를 꺼낼 수 있다면 효과적이겠죠.

❸ 도전만으로도 자신을 드러낼 수 있습니다

여러분은 어떤 사람의 이야기를 듣고 싶으신가요? 무엇인가를 잘 해내거나 성공한 사람의 이야기인가요? 물론 그러한 이야기도 필요하답니다. 그러나 중요한 것은 열정으로 도전하며 삶을 살아가는 사람인 것을 보여주는 한 줄입니다. 그런데 그 한 줄은 나를 대표할 수 없습니다. 하지만 에피소드로 대신하면 최고로 잘한 것을 쓰지 않아도 됩니다. 최고로 잘한 한 줄이 아닌, 실패했어도 자랑스러운 에피소드를 들려주세요.

❹ 강점과 도전 등의 사례로 긍정적 자아를 확립해 보세요

에피소드를 이야기하다 보면 '나'라는 주인공이 문제 상황에서 그것을 해결하는 모습을 '현재의 나'의 시점에서 바라보게 됩니다. '이런 문제는 이렇게 해결했구나!' 하고 느끼며, 문제 해결 방법을 살펴보고 자신의 강점을 찾을 수 있답니다. '내가 친구의 이야기를 잘 들어주어서 오해가 생기지 않았네(경청).', '내가 친구들의 싸움을 중재하기 위해 애썼네(화해시키기).' 등의 강점을 찾을 수 있지요.

또, '○○를(을) 정말 하고 싶어서 도전하였지만 ○○한 이유로 실패하였다. 그러나 그 실패를 통해서 ○○을 배울 수 있었다. 그 결과 ○○한 생활을 하고 있다.'라고 구체적인 사례를 통해 자신에 대해 말해 보세요. 이를 통해 여러분은 이미 열정적인 사람, 실패를 두려워하지 않고 도전하는 사람이라는 자신감을 가지게 될 거예요. 물론 듣는 이들에게도 긍정적인 메시지를 줄 수 있을 것이고요. 그럼으로써 진로 개발을 위해 한 단계 성장하고 도약하는 계기가 되겠지요.

* '밴티지 포인트(Vantage Point)'의 사전적인 뜻은 관점, 견해로 '많은 것들을 한 번에 볼 수 있는 최적의 위치'라는 의미이다.

2단계 진로 스토리텔링 수업하기

수업 순서

1 준비물을 안내하고 확인한다.

2 '인생 돋보기' 게임판에 '질문 카드'를 모두 올려놓는다. 남은 '질문 카드'는 더미로 쌓아 놓는다.

3 찬스 카드를 종류대로 1장씩 나누어 총 4장을 갖는다.

4 가위바위보를 하여 순서를 정한다.

5 주사위를 굴려 나온 숫자만큼 전진하고 제시된 질문에 자신의 경험 또는 일화를 이야기하거나, 기회 카드 중 1장을 골라서 적절하게 사용하여 말을 움직인다.

6 '과거의 나'로부터 출발하여 '현재의 나'로 돌아오는 과정까지 게임을 진행한다.

7 '질문 카드'에서 나온 에피소드와 느낌을 정리한다.

8 정리한 내용을 발표하고 서로가 피드백 하는 시간을 갖는다.

수업 흐름 잡기

T 여러분, 3년 전 오늘을 한번 떠올려 볼까요? 무슨 일이 있었는지 기억나요? (학생들의 답을 기다렸다가.)

Ⓣ 특별한 순간이 아니면 기억하기가 어렵죠? 그런데 특별한 순간이 아닌 날에도 여러분에게는 많은 일이 있었어요. 그래서 이 시간에는 나에게 있었던 많은 일(에피소드)을 떠올리고 그것에 대해 이야기하며 자신에 대해 생각해 보는 게임을 해 보려고 해요.

Ⓣ 에피소드라는 말을 들어본 적이 있나요? 에피소드는 남에게 알려지지 않은 짤막한 이야기예요. 짤막한 이야기라고 하지만, 그 안에는 자신만의 강점, 가치, 삶에 대한 태도들을 찾아 볼 수 있는 재료들이 숨어 있어요. 자신의 과거를 줌인(zoom-in) 하여 자신만의 이야기를 찾아볼까요?

Ⓣ 그러기 위해 특별한 게임을 할 거예요. 게임을 위해 준비물을 확인해 볼게요. 모둠별로 아래의 준비물이 모두 있는지 확인해 주세요.

인원이 적을수록 깊이 있고 구체적인 에피소드를 끌어낼 수 있어요.

> 준비물

- 인생 돋보기 게임판
- 질문 카드와 기회 카드
- 4가지 기회 카드
  - 찬스(CHANCE, 더 굴리기): 주사위를 한 번 더 굴림
  - 점프(JUMP, 2배 가기): 주사위를 굴려 나온 수의 2배로 갈 수 있음

- 리턴(RETURN, 뒤로 가기): 어느 곳으로나 뒤로 돌아갈 수 있음
- 패스(PASS, 지나가기): 통과

• 주사위 • 말(게임 인원수에 맞게 준비)

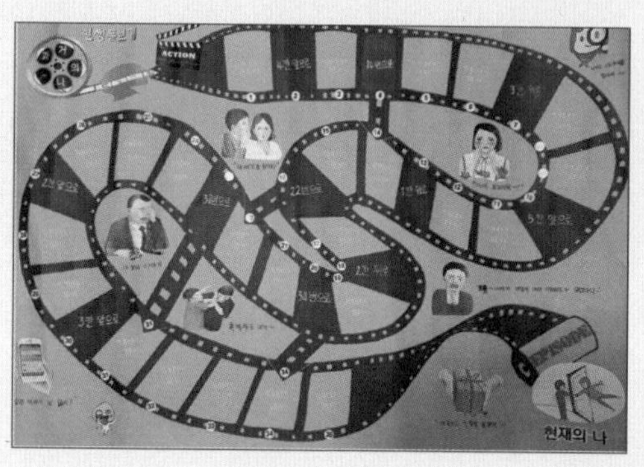

T 여러분 앞에 놓여 있는 인생 돋보기 게임판을 보세요. 게임판 숫자 위에 질문 카드를 올려놓습니다. 그리고 남은 질문 카드는 여백에 더미로 쌓아 두세요.

(질문 카드를 게임판에 올려놓는다.)

T 다 되었나요? 다음은 기회 카드를 종류별로 1장씩, 모두 4장씩 나눠 갖습니다.

T 모두 기회 카드를 같이 봐 주세요. 각 기회 카드의 사용법을 알려드릴게요. 찬스 카드는 주사위를 한 번 더 굴릴 수 있어요. 점프 카

드는 주사위를 굴려 나온 숫자의 2배로 움직일 수 있답니다. 또 패스 카드는 질문을 그냥 통과할 수 있어요. 마지막으로 리턴 카드는 지금 위치에서 원하는 곳 아무 곳이나 뒤로 움직일 수 있어요.

Ⓣ 게임은 주사위를 굴려서 나온 숫자만큼 전진하고, 제시된 질문에 에피소드를 이야기하여 '현재의 나'로 돌아오면 끝이 난답니다.

Ⓣ 그런데 주사위를 굴린 후 전진하고 제시된 질문에 대한 자신의 에피소드가 없으면 어떻게 할까요? 그때 기회 카드를 사용하여 질문을 그냥 지나칠 수 있어요. 기회는 총 4번 사용할 수 있으니 잘 사용해 보세요. 기회이니 잘 사용하면 게임에 유리하겠죠? 하지만 과거에 있었던 기억을 최대한 살려 에피소드를 생각할 수 있도록 해 주면 좋겠어요. 에피소드를 말하면 질문 카드를 가져갈 수 있답니다. 물론 빈자리에는 더미로 쌓아 둔 질문 카드 중 차례로 하나를 올려놓고요.

Ⓣ 에피소드를 말할 때는 그 장면을 그림으로 그리듯이 세밀하게, 영화의 한 장면을 보듯 생생하게 이야기하면 더 좋겠지요. 다른 친구들은 그 이야기에 귀 기울여 주고 나중에 해당 친구에게 도움말을 해 줄 수도 있어요.

Tip

단답형 대답보다는 스토리로 말하도록 합니다. 에피소드를 떠올리면서 말하면 좀 더 구체적이고 생생한 표현이 될 수 있습니다.

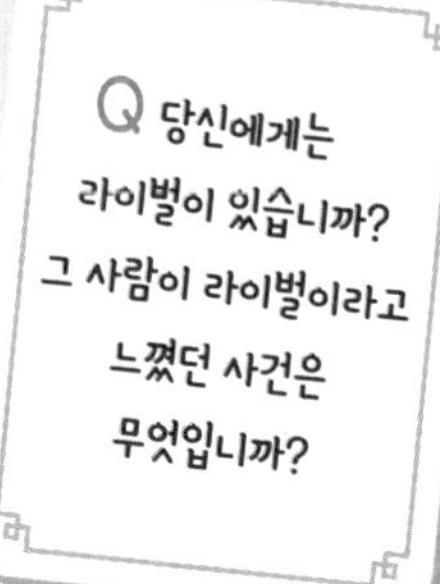

Q 당신에게는
라이벌이 있습니까?
그 사람이 라이벌이라고
느꼈던 사건은
무엇입니까?

> 좋은 예 "학업에 대한 욕심이 생기던 때였어요. 마침 이웃집 오빠가 공부를 잘한다는 소문이 자자했죠. 그래서 밤늦은 시간까지 공부를 할 때면 한 번씩 고개를 들어 그 오빠 방에 불이 켜져 있는지 확인을 하곤 했어요. '저 불이 꺼지기 전에는 절대 먼저 안 자야지.' 하고 결심을 하면서 말이죠. 이웃집 오빠는 제가 라이벌로 생각하고 있었다는 걸 지금도 모를걸요. 후훗! 저 혼자만 라이벌로 정해 버렸으니까요."

> 부적절한 예 "네. 우리 반에서 저보다 공부 잘하는 애가 라이벌이죠."

T 이제 게임을 시작하기 위해 각자 사용할 말을 정하고 출발선에 둡니다.

(협의하여 원하는 말을 정한다.)

T 이제 '가위바위보'를 하여 먼저 시작할 사람을 정해 주세요. 그리고 여러분의 과거로 출발해 볼까요?

(시작할 사람을 정하고 게임을 시작한다.)

① 이야기를 들을 때 맞장구를 치며 들어야 이야기하는 사람이 신이 나겠죠? 질문에 따라 이야기하는 동안 어떤 호응을 할 것인지에 대해 시작하기 전에 연습을 하는 등 호응에 대해 강조를 하고 시작해 주세요. 특히 소통의 측면에서 중요하다고 안내해 주세요.

② 순서에 따라 주사위를 굴리고 질문 카드에 대한 에피소드를 이야기합니다. 이야기가 너무 간단하거나 추상적이어서 다른 구성원이 인정하지 않을 때는 다음 순서로 넘어가도록 해요. 누군가 게임에서 이기려고만 하는 경향을 보일 때도 주의시켜요.

T '현재의 나'로 돌아온 학생이 있나요? '현재의 나'로 돌아온 학생이 있더라도 그 학생을 제외하고 모든 학생이 '현재의 나'로 돌아올 수 있도록 게임을 이어가 주세요. (시간이 부족하다면 한 학생이 '현재의 나'로 돌아오면 멈추고 다음 활동으로 연결한다.)

T 게임을 마쳤으면 게임을 하며 가져갔던 질문 카드를 한 번 더 살펴보고 카드가 몇 장인지 세어 보세요. 그만큼 자신의 소중한 에피소드를 찾아냈어요. 그것들이 지금의 여러분을 있게 한 삶의 과정이에요. 이제 그 소중한 여러분의 삶을 정리해 보도록 해요.

T 여러분이 찾은 에피소드가 좋은 일이었을 수도 있고 나쁜 일이었을 수도 있어요. 그 일을 이야기하며 자신을 새롭게 돌아볼 수 있

었겠지요. 마음에 다가오는 것 또한 다를 수 있고요. 그러한 느낌을 포함하여 오늘 이야기했던 나만의 에피소드를 한 가지 정리해 볼까요? 그리고 나만의 이야기에 제목을 붙여 주세요.

Tip

질문 카드는 긍정적인 질문(빨간색), 부정적인 질문(파란색) 그리고 두 가지를 모두 담고 있는 질문(초록색)들이 색깔별로 표현되어 있습니다. 모든 질문에 대해 색깔별로 에피소드를 준비할 수 있도록 지도한다면 학생들이 다양하면서도 유일한 자신만의 스토리를 만들 수 있어요.(81쪽 참고)

Ⓣ 모둠 내에서 정리한 내용을 느낌 중심으로 말해 봅시다. 그리고 게임 중에 친구의 이야기를 들으며 친구의 좋은 점이나 유리하다고 생각한 점, 긍정적인 면을 서로에게 이야기해 주는 시간을 가져 볼게요.

(서로가 구성원에 대해 느낀 점을 피드백하고 정리한다.)

Ⓣ 여러분이 정리한 에피소드는 여러분의 한 부분을 나타내는 이야기예요. 하지만 '내가 왜 그 상황에서 그 선택을 했을까?'를 살펴보면 여러분의 가치관을 찾을 수 있습니다. 또 강점이나 약점 또한 엿볼 수 있고요. 그럼으로써 부족한 부분은 채우고 준비하는 디딤돌이 될 수도 있답니다. 앞으로도 모든 날을 기억할 수는 없

지만, 오늘 질문에 답했던 것처럼 자신에게 끊임없이 질문하며 스스로에 대해 좀 더 깊이 생각해 볼 수 있는 기회를 만들어 가길 바랍니다.

예시

Q. 무엇 때문에 꾸중을 들었나요? 가장 기억에 남는 일을 이야기해 주세요.

에피소드 고등학교 2학년 음악 시험 때였다. 음악 감상을 하며 문제를 푸는 형식이었는데, 나는 별로 알려 주고 싶지 않았지만 친구를 잃을 것 같아 시험 시간에 커닝 페이퍼를 돌렸다. 시험 감독인 국어 선생님은 연세가 많으셔서 눈치를 채지 못하셨고 우리는 완전 범죄에 성공하는 듯하였다.

그런데 음악 평균 점수가 우리 반만 너무 높아서 이상하게 생각하신 음악 선생님이 담임 선생님께 말씀하셨다. 담임 선생님께서 종례 시간에 심각한 얼굴로 들어오셨다. 그러고는 커닝을 주도한 친구와 커닝을 한 친구는 양심에 따라 상담실로 오라고 하셨다. 나는 가슴이 두근거렸고 선생님을 찾아가야 할지 말아야 할지 고민하였다. 그리고 떨리는 마음으로 선생님을 찾아가서 고백하였다. 선생님은 "용기 있게 말해 주어서 고맙다. 그런데 진정한 용기는 친구들을 잃더라도 처음부터 거절하는 것이다."라고 말씀해 주셨다.

그 이후로 나는 '용기 있게 거절하는 법'을 알게 되었다. 성인이 되어서 사회생활을 할 때 그때의 깨달음으로 오히려 친구를 잃지 않게 되었다. '용기'는 나에게 자유를 주었다.

〈 출처: 이야기톡 연구원 실습 〉

Q. 학교생활 중 가장 기억에 남는 선생님은 누구인가요? 그 선생님과 있었던 에피소드에 대해 말해 보세요.

에피소드 고등학교 지리 첫 시간에 선생님께서 우리나라 지도를 그리고는 각 위치를 정확하게 표시하시는 모습이 굉장히 멋있었다. 그때부터 지리 과목에 흥미가 생겼고 나도 잘하고 싶다는 생각이 들어 지리 수업을 열심히 들었다. 결국 엄마의 만류에도 불구하고 지리교육과로 진학하게 되었다.

느낀 점 나도 아이들에게 영향력 있는 사람이 되고 싶다. 나에게도 좋아하는 일을 향한 열정이 있고 반대를 뿌리치는 용기가 있다는 사실을 알게 되었다.

〈 출처: 이야기톡 25기 지도사 과정 〉

교실에서 바로 쓰기

인생 돋보기 에피소드

내가 가지고 온 질문 카드의 질문	
대답을 잘할 수 있었던 질문	
에피소드 정리 (제시한 내용이 포함되도록 정리해 주세요.)	• 언제 무슨 일이 있었나요? • 그래서 어떤 행동(생각)을 하게 되었나요? • 그 일을 겪고 난 뒤, 시간이 지나 지금 이야기를 하며 느낀 것은 무엇인가요? • 지금 그 일이 생긴다면 어떻게 할 것인가요? 그 이유는?
나의 에피소드에 제목을 붙인다면?	

STEP❶ 자기소개서 쓰기

'인생 돋보기'로 찾은 에피소드를 가지고 자기소개서 쓰기 활동으로 연결합니다. (참고: 스토리텔링 자기소개서 213쪽)

STEP❷ 강점 액션 아이디어 게임

인생 돋보기 활동에서 찾은 에피소드 중 본인의 강점이라고 생각하는 것으로 '강점 액션 아이디어 게임'을 합니다.(참고: 강점 액션 아이디어 게임 83쪽 참고)

STEP❸ 인생 곡선 그리기(인생 그래프 그리기)

어렸을 때부터 지금까지 있었던 일 중에 가장 기억에 남는 것을 골라 인생 그래프를 그려 봅니다. 사진이나 그림을 활용하면 인생 그래프가 더 풍성해집니다.

STEP❸ 질문 카드 게임(인생 돋보기 게임판 없이 질문 카드만으로 게임)

질문 카드를 가운데 펼쳐 놓고 자신이 이야기할 수 있는 질문 카드를 골라서(3장) 가져간 후에 질문 카드를 내려놓으며 이야기합니다. 이 경우에는 먼저 글로 옮긴 후에 이야기하는 시간을 가져도 됩니다.

참고 자료

인생 돋보기 게임의 기본 질문 (질문 카드)

빨간색 긍정적인 질문 **파란색** 부정적인 질문 **초록색** 두 가지 모두를 담고 있는 질문

❶ 어떤 문제를 해결해 본 경험에 대해 이야기해 주세요.

❷ 정말 운이 좋은 사람이라고 느끼나요? 정말 운이 좋았던 경험은 무엇일까요?

❸ 올해 내린 결정 중 내 인생에 가장 큰 영향을 끼친 것은 무엇이라 생각하나요?

❹ 학교생활 중 가장 기억에 남는 선생님은 누구인가요? 그 선생님과 있었던 에피소드는 무엇일까요?

❺ 내가 변명하는 일은 무엇입니까? 어떤 때 변명을 하고 있었나요?

❻ 다른 사람은 못 해 보았을 것 같은 나만의 특별한 경험이 있다면 무엇인가요?

❼ 지금까지도 마음에 남아 있는, 나를 인정해 준 말은 무엇일까요?

❽ 올해 가장 기억에 남는 순간은 언제이며, 왜 그 순간이 가장 기억에 남나요?

❾ 나는 이미 가지고 있는 장점을 유지하기 위해 현재 무엇을 하고 있나요?

❿ 나의 삶에 가장 큰 변화를 준 습관은 무엇인가요? 또, 그 습관으로 인해 생긴 변화는 무엇인가요?

⑪ 라이벌이 있나요? 그 사람을 라이벌이라고 느꼈던 사건은 무엇인가요?

⑫ 최근 새로운 환경에서 있었던 에피소드가 있다면 무엇인가요? 그때 새롭게 발견한 나는 어떠한 모습인가요?(여행지, 캠프 등)

⑬ 나의 단점으로 인해 오히려 좋았던 기억이 있다면 어떤 일이었나요?

⑭ 친구를 사귀며 새롭게 발견한 나의 모습이 있나요? 그때의 일을 이야기해 주세요.

⑮ 학교에서 가장 기억에 남는 친구는 누구인가요? 그 친구와는 어떤 일이 있었나요?

⑯ 올해 한 실수 중에 가장 기억에 남는 것은 무엇이며, 그 실수를 통해 내가 고쳐야 할 점은 무엇인가요?

⑰ (나의 발전을 위해) 정말 하고 싶었지만 참았던 경험이 있나요? 그때의 일을 이야기해 주세요.

⑱ 나에게 가장 영향을 준 사람은 누구인가요? 그 사람과 어떤 일이 있었나요? 내가 받은 영향은 무엇인가요?

⑲ 지금까지 꾸중 들은 것으로 가장 인상에 남는 일은 무엇입니까?

⑳ 취미는 무엇입니까? 동아리나 동호회에 가입되어 있나요? 그곳에서 겪은 특별한 일화를 들려주세요.

이야기톡 카페에서 더 많은 질문을 다운 받으세요.
cafe.naver.com/storyhealing

Chapter 03

강점 액션 아이디어 게임

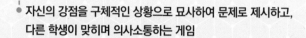

자신의 강점을 구체적인 상황으로 묘사하여 문제로 제시하고, 다른 학생이 맞히며 의사소통하는 게임

활동 대상	초등 저학년 이상	소요 시간	약 50분
영역	자아 이해와 사회적 역량 개발	활동 방법	모둠 또는 전체 활동
준비물	점수판, 미니 화이트 보드판, 말, 마커, 이야기톡 카드		
핵심 역량	자기 관리 역량(자기 이해 역량, 자기 정체성 확립), 의사소통 역량(경청, 자기 표현)		

1단계 스토리텔링 인문학

그리스 신화에 아름다운 소년 나르시스 이야기가 있습니다. 목동인 그는 많은 요정들에게 사랑을 받지만 정작 자신은 아무도 사랑하지 않습니다. 어느 날, 나르시스는 양떼를 몰다가 맑은 샘물에 비친 아름다운 모습을 보고 사랑에 빠집니다. 그 모습이 자신인지도 모른 채 말입니다. 결국 사랑의 열병을 앓게 된 나르시스는 샘물에 비친 자신의 모습을 따라 물속으로 들어가 숨을 거두게 됩니다. 이후 나르시스가 있었던 바로 그 자리에 한 송이 꽃이 피어났는데, 그 꽃이 수선화입니다. 그래서 수선화는 '고결, 자존심, 신비, 자기 사랑'이라는 꽃말을 갖게

되었다고 합니다.

들판을 거닐다 수선화를 보면, 꽃말의 사전적 의미보다는 나르시스 이야기가 먼저 떠오르곤 합니다. 전달하려는 내용이 구체적인 이야기로 표현될 때 사람들은 더 쉽게 이해하고 공감합니다. '강점 액션 아이디어 게임'은 자신의 강점을 추상적인 단어가 아닌, 구체적인 이야기로 보여주며 소통하는 활동입니다.

❶ 자신의 행동을 구체적으로 표현합니다

청소년기 이후, 추상적인 언어를 사용하게 되면서 구체적이기보다는 추상적인 표현에 익숙한 경우가 많습니다. 그래서 자기소개서를 쓸 때에도 추상적인 단어를 나열하는 경우를 자주 봅니다. 시나리오 지문에는 인물의 심리가 추상적인 언어 대신에 직접적이고 구체적인 행동으로 표현됩니다. 연기자, 제작자, 감독, 스태프 들이 하나의 시나리오로 같은 이미지를 떠올릴 수 있도록 객관적이고 구체적으로 표현하는 것이 중요하다고 하는군요. 자기소개서에서 자신의 역량과 잠재력을 구체적인 행동과 사례로 표현할 때 더 효과적이고 매력적으로 전달할 수 있습니다.

❷ 소통을 위해 공감 능력을 키워 갑니다

한 회사에 유달리 소리에 민감한 사람이 있었다고 합니다. 휴대 전화 소리는 언제나 무음으로, 실내를 걸어 다닐 때도 조심스럽게 걷는 사람이었지요. 직원들은 부장 직책을 가진 그 사람의 행동에 부담을 느껴 사무실에서 작은 소리라도 날까 봐 늘 조심했습니다. 그러던 어느 날, 자연스럽게 이야기를 나누는 자리에서 부장의 그런 행동이 사실은 다른 직원들을 위한 '배려'임을 알게 되었답니다. 정작 다른 직원들은 큰 불편을 겪고 있었는데도 말이죠. 이처럼 좋은 의도에서 시작되었다 하더라도 자기중심적인 커뮤니케이션은 갈등을 야기할 수 있습니다. 좋은 커뮤니케이션을 하기 위해서는 상대방의 입장에서 그 사람의 생각과 감정을 이해하는 '공감 능력'이 필요합니다.

점수를 많이 받은 사람이 이기는 형식으로 진행되는 이 활동을 통해 우리는 각자가 자신만의 표상*을 가지고 있음을 발견합니다. 그리고 개인의 경험과 이야기를 다른 사람들이 쉽게 이해할 수 있는 언어와 상황으로 표현하면서 표상의 간격을 줄이는 연습을 하게 됩니다.

❸ 상대에게 집중하는 태도가 중요합니다

심리학자 칼 로저스는 '적극적 경청*'을 상대방이 전달하고자 하는 말의 내용뿐 아니라, 그 내면에 있는 의도나 감정도 이해하는 것이라고 하였습니다. 적극적 경청을 위해서는 상대가 무엇을 느끼고 있는가를 그 사람의 입장에서 받아들이는 공감적 이해, 자신이 갖고 있는 고정관념을 버리고

수업 Point

상대의 태도를 받아들이는 수용 정신, 자신의 감정을 솔직하게 전하고 상대를 속이지 않는 성실한 태도가 중요합니다.

'강점 액션 아이디어 게임'을 할 때에는 상대방에게 자연스럽게 집중하게 됩니다. 나의 이야기에 좀 더 많은 사람들이 공감하도록 하기 위해서 표현 방법을 고민하고, 상대방이 나의 이야기에 어떻게 반응하는지, 얼마나 알아들었을지 관찰해야 합니다. 또, 문제 출제자가 무엇을 말하려고 하는가를 파악해야 하기에 적극적으로 경청을 하게 됩니다. 그 과정에서 우리는 언어뿐 아니라, 표정이나 말투도 소통의 중요한 요인이 된다는 것을 알게 됩니다.

* 어떤 대상에 대해 개인이 갖는 정신적인 상을 의미입니다. 즉, 어떤 대상에 대한 지각과 기억, 사고들이 통합되어 만들어진 이미지입니다.

* HRD용어사전 참고

❹ 새로운 관점으로 자기 경험을 볼 수 있습니다.

같은 시간, 같은 장소에서 함께 한 경험이라도 누구에게나 꼭 같은 경험으로 기억되지 않습니다. 각자의 상황에 따라 의미를 부여하고 다른 색깔의 기억으로 저장합니다. 또는 한 가지 사건이 조건이나 주변 상황의 변화에 따라 다르게 해석되기도 합니다. '강점 액션 아이디어 게임'을 하면서 자신의 경험을 새로운 관점으로 보게 됩니다. 자기 자신과 그 경험을 함께 한 사람들에 대한 이해 또한 새롭게 하는 계기가 된답니다. 그러면서 조금씩 성장하는 우리를 발견할 수 있습니다.

2단계 진로 스토리텔링 수업하기

수업 순서

1 액션 아이디어 점수판, 말, 미니 화이트보드(이하 보드로 지칭), 마커, 그림 카드를 준비한다.

2 워크시트에 적혀 있는 강점 중에서 나의 강점이라고 생각하는 것에 동그라미 한다.

3 동그라미 한 강점들 중에서 구체적인 경험이 생각나는 강점 하나를 선택한다. 그리고 그 강점을 잘 표현할 수 있는 그림 카드도 선택한다.

4 한 사람씩 문제 출제자가 되어 자신의 강점을 구체적인 스토리로 발표한다.

5 출제자의 말을 듣고 떠오르는 강점을 적는다.

6 답을 적은 사람들은 동시에 답을 들어 보여 준다.

7 그렇게 생각한 이유에 대해 의견을 나눈다.

8 문제 출제자가 의도한 단어를 적은 경우 1점을 얻고 점수판의 말을 움직인다. 문제 출제자는 맞힌 사람의 수만큼 점수를 얻고 말을 움직인다.

9 모든 사람이 돌아가며 문제를 한 번씩 냈다면, 각자 얻은 점수를 더해 순위를 매긴다.

수업 흐름 잡기

(점수판, 말, 보드, 마커, 워크시트, 그림 카드를 학생들에게 나눠 준다.)

Ⓣ 오늘 우리는 친구들에게 자신의 강점을 표현해서 친구들이 맞히는 게임인 '강점 액션 아이디어 게임'을 진행합니다. 나의 강점을 추상적인 언어가 아닌 구체적인 상황, 행동의 언어로 말하면 친구들이 그 강점 단어를 맞히는 게임이랍니다. 강점이 뭐냐고요? 강점이란 다른 사람보다 뛰어나거나 유리한 것을 말합니다.

(카드를 보여 주며) 이 카드와 관련된 강점을 이야기해 보겠습니다. '제가 교실 쓸기 당번일 때의 일입니다. 저는 평소처럼 교실 쓸기 당번으로 교실을 깨끗이 쓸었습니다. 내 일을 다 했구나 하는 생각에 종례 전에 화장실에 다녀왔습니다. 그런데 교실 뒤편에 쓰레기가 마구 어질러 있었습니다. 솔직히 화가 났지만 내가 맡은 일이어서 다시 깨끗이 쓸어 담았습니다. 그 모습을 본 친구들은 저에게 이것이 강한 친구라고 하였습니다. 친구들이 찾아 준 저의 강점은 무엇일까요? 화이트보드에 자신이 생각하는 강점을 적어 보세요. 하나, 둘, 셋과 함께 올립니다.

(학생들이 하나, 둘, 셋에 맞추어 보드를 올리고 답을 확인하도록 한다.)

Ⓣ 정답은 '책임감'입니다. 모두 18명이 맞혔군요. 그럼 선생님은 18점을 얻고, 문제를 맞힌 친구들은 1점을 얻게 됩니다. 게임 방법

은 이해가 되었지요? 이 활동을 위해서 먼저 우리가 어떠한 강점을 가지고 있는지 알아봐야 할 것 같아요.

여러 가지 강점이 적힌 워크시트를 나눠 주었어요. 그 중 나의 강점이라고 생각하는 것을 찾아 모두 동그라미 해 주세요. 숫자에 제한이 없으니 자유롭게 찾아보세요.

2분 경과 후

T 여러분이 동그라미 한 것 중 이야기로 가장 잘 표현할 수 있는 강점 한 가지를 먼저 선택해 주세요. 그런 다음, 그 강점에 얽힌 스토리와 관련 있는 그림 카드 1장을 선택합니다. 선택한 친구들은 자신의 이야기를 그림 카드 옆에 적어 보도록 합니다. 문장으로 적지 않고, 어떻게 말할 것인가를 고려하여 핵심 단어 중심으로 정리해도 됩니다.

2분 경과 후

T 스토리를 완성했다면 게임을 진행하도록 하겠습니다. 순서를 정해 한 사람씩 자신의 강점을 문제로 출제합니다. 주의해야 할 점은 강점을 추상적으로 표현하거나 사전식으로 설명하는 게 아니라, 구체적인 상황과 행동을 묘사하는 것입니다. 마치 영화의 한 장면처럼 그 상황이 그려지도록 표현하자는 것입니다. 누가 먼저 해 볼까요?

(문제를 출제하는 동안 다른 사람들은 잘 듣고 보드 위에 답을 적는다.)

T 네, 모두 적으셨나요? 그럼 셋을 세면 모두 동시에 보드를 올려 주세요.

하나, 둘, 셋! 네~! 4명이 호기심, 2명이 용기라고 적었습니다. 먼저 호기심이라고 쓴 친구들은 왜 호기심(용기)이라고 생각했는지 말해 주겠어요?

(그 강점을 선택한 이유에 대해 말한다.)

T 친구들은 그렇게 생각했군요. 그렇다면 정답은 무엇일까요? 예, 정답은 용기예요. 그렇다면 문제를 출제한 친구는 무엇 때문에 친구들이 용기라고 생각했을 것 같나요?

(서로가 가지는 표상이 다를 수 있음을 깨닫는다.)

T 문제 출제자는 맞힌 사람의 수만큼 말을 앞으로 이동하고, 맞힌 사람은 한 칸 앞으로 이동합니다. 말을 이동시켜 주세요.(점수판이 없을 경우에는 각자 노트에 점수를 적도록 해도 됩니다.) 다음은 누구 차례인가요?

(시간이 가능하다면 모든 학생들이 발표할 기회를 갖는다.)

Ⓣ 이제 친구들의 강점으로 게임을 했어요. 오늘의 우승은 누가 했나요? 이 친구는 어떻게 해서 우승을 했다고 생각하나요?

(자신의 생각을 자유롭게 말한다.)

Ⓣ 오늘 우리는 강점을 표현하고 그것을 통해 소통할 때 상대방의 입장에서 생각하고, 서로의 말을 잘 들어 주는 것이 얼마나 중요한지 생각해 보는 활동을 하였습니다. 일상생활에서도 경청과 공감을 실천할 수 있기를 기대합니다. 그리고 여러분 안에 내재된 더 많은 강점을 찾으리라 믿습니다.

3단계 교실에서 바로 쓰기

강점 액션 아이디어 게임

다음 단어 중 '나의 강점'을 모두 골라 동그라미 하세요.

친절 봉사 용기 어학 능력 손재주 미적 감각 인내
정직 공감 능력 공정성 관찰력 논리력 판단력 집중
책임감 지혜 개방성 학구열 유머 감각 호기심 겸손
성실 시간관념 약속 잘 지킴 후각 기능 자기 관리 능력 배려 지혜
진실 활력 신중 관대 자기 조절 주체성 설득력 실행력
계획력 의사 표현 능력 경청 유연성 규칙성 감정 조절 능력

위에서 동그라미 한 강점 중 자신을 가장 잘 표현할 수 있는 강점 하나를 선택합니다.

나를 가장 잘 표현하는 강점

강점 관련 그림

강점에 얽힌 이야기

변형 및 향후 활동 01 친구의 강점 찾기 활동

함께 활동한 친구의 강점과 이유를 포스트잇에 적고 친구에게 주며 말해 줍니다.

> 예 사람들에게 강인한 인상을 주고 싶어 하는 친구에 대한 강점 발견.

책임감
배가 아파서 집에 일찍 간다고 나갔는데 다시 와서 참고 끝까지 함.
유연성
풀이 죽었다가도 금방 활기를 띤다.
용기
서로 처음 보는 상황인데도 분위기를 띄워 주는 마음.
유머 감각
독특한 말투와 행동으로 다른 사람을 웃게 함.
시간관념
오늘 모임에 가장 처음 옴.
희생
쑥스러워하면서도 감내하고 처음부터 끝까지 최선.

〈출처: 중학생 소통 캠프에서〉

변형 및 향후 활동 02 나만의 강점 스토리북 만들기

나의 강점 스토리를 발견해서 '강점 스토리북'을 만들 수 있습니다.

변형 및 향후 활동 03 추상어 맞히기 게임으로 확장하기

강점, 재능 외에 다양한 주제로 진행 가능합니다. 특히 우리가 자주 쓰는 추상어, 또는 자기소개서에서 자주 묻는 단어를 표현하는 게임으로 활용할 수 있습니다. 예를 들어, 갈등, 협력, 배려, 리더십 등의 단어를 가지고 할 수 있답니다.

수업 진행시 고려할 점

❶ 활동 전 '나의 강점 찾기' 활동을 진행하는 것이 좋습니다. 강점이라고 하여 아주 거창하게 생각하는 경우가 있는데, 사소한 생활에서 나타나는 것들이 강점이 될 수 있다고 안내해 주세요.

❷ 각자가 드러내고자 하는 강점을 다른 사람들이 잘 받아들일 수 있는지 알아보려면 인원이 많을수록 좋습니다. 인원이 많을 경우, 모둠으로 진행해 주세요.

❸ 문장력이나 표현력이 중요한 것이 아니라, 얼마나 내 이야기를 구체적으로 전달하는가가 중요합니다.

❹ '오픈 마인드', '개방성'과 같이 비슷한 의미로 사용되는 단어가 나온 경우에는 학생들의 의견을 듣고 정답 여부를 함께 결정합니다. 워크시트에 있는 단어가 아니라도 뜻이 비슷하면 함께 의논해서 결정합니다.

❺ 정답을 찾기 위한 게임이 아니므로 진행자가 스토리나 사례에 개입하지 않는 것이 좋습니다. 단지 사례가 덜 구체적이거나 막연한 경우에는 다른 사례를 들 수 있도록 격려합니다.

❻ 상황에 따라서 질문을 허용할 것인가에 대해서도 고려합니다. 구체적이지 않을 때 학생들이 질문할 수 있습니다. 이에 대해서도 참여하는 학생과 의논하여 결정하면 됩니다. 질문을 할 때와 그렇지 않을 때 어떤 차이가 있는지 생각할 수 있는 기회가 됩니다.

❼ 강점을 표현하는 그림 카드는 1장 또는 여러 장을 써서 설명할 수 있습니다.

문제 출제의 좋은 예 ①

저는 어릴 때 라디오, 시계 등이 있으면 내부를 알고 싶었습니다. 그래서 해체하고 그 안을 본 다음 다시 조립하곤 했습니다. 턴테이블을 열었다가 다시 조립하지 못해 혼난 적도 있었습니다. 제가 가지고 있는 강점은 무엇일까요?

문제 출제의 좋은 예 ②

학교에서 축구를 하였습니다. 잘하지는 못하지만 용기를 내어 중앙슛을 날렸습니다. 제 강점은 무엇일까요?

동생이 내가 가장 아끼는 책을 또 찢었습니다. 나는 입술을 꽉 깨물며 주의를 주었습니다. 제 강점은 무엇일까요?

문제 출제의 좋은 예 ③

아침에 일어나야 할 시간을 알람에 저장합니다. 조금 먼 날에 약속이 있을 때는 잊지 않도록 달력에 크게 적습니다. 제가 가지고 있는 강점은 무엇일까요?

Chapter

04 나를 말해 줘 톡talk

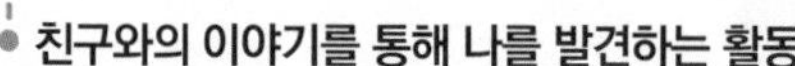

친구와의 이야기를 통해 나를 발견하는 활동

활동 대상	초등 저학년 이상	소요 시간	약 50분
영역	자아 이해와 사회적 역량 개발	활동 방법	모둠
준비물	이야기톡 카드와 스티커, 필기구, 포스트잇, 워크시트		
핵심 역량	자기 관리 역량(자존감, 자기 효능감), 의사소통 역량(공감, 경청) 심미적 감성 역량(삶의 의미와 가치 발견)		

1단계 스토리텔링 인문학

쑥덕쑥덕, 언젠가부터 사람들은 그 사람이 지나갈 때마다 수군댔어요. 그 사람은 왜 사람들이 자신이 지나갈 때마다 귓속말을 하는지 궁금했답니다. 사람들에게 물어봐도 앞에서는 말하지 않고 우물우물하다가 그냥 가 버리는 것이었어요. 그 사람은 깊게 생각했어요. 그리고 거짓말을 못하는 어린아이에게 물어 보기로 했지요. 다음 날, 한 소년에게 요즘 사람들이 왜 자기가 지나가면 귓속말을 하는 것인지 물어보았어요. 소년은 머뭇거리다가 "선생님은 점잖으시고 사람들을 귀중히 여기셔서 가까이 가고 싶은데, 얼굴에 늘 인상을 쓰고 다니십니다.

무슨 괴로운 일이 있거나 화가 나셨는지 묻고 싶어도 너무 무섭고 조심스러워서 수군대기만 하는 거예요." 하고 말하는 것이에요. 그 말을 들은 그 사람은 집으로 가서 거울을 쳐다보고는 깜짝 놀랐어요. 정말 자신의 얼굴이 무섭게 보였거든요. 그래서 찡그린 얼굴을 펴고 웃는 연습을 해서 표정을 바꾸었고 다른 사람들과 잘 지내게 되었답니다.

위의 이야기에서 알 수 있듯이 자신은 본인의 강점이나 단점을 잘 모를 수 있어요. 그래서 다른 사람의 이야기를 통해서 나를 알아보려고 해요.

❶ 내가 모르는 나의 강점을 찾을 수 있어요

사람들은 저마다 행동하는 방식이나 생각에 차이가 있죠. 그래서 자신의 행동이 다른 사람에게 어떻게 받아들여지는지 모르고 행동하게 되죠.

예를 들어, 혜진이는 매일 아침 일찍 일어나는 습관 때문에 조금 먼 은수의 집에 들러서 학교에 같이 가곤 했죠. 은수는 집에서 학교가 너무 멀어서 혼자 가는 것이 싫었는데 혜진이 덕분에 학교 가는 길이 즐거웠어요. 은수의 입장에서는 혜진이가 부지런해서 자기 집에 들렀다는 생각보다 학교가 먼 자기를 배려하는 착한 심성을 가진 친구라고 생각했어요.

혜진이는 자신의 강점을 '부지런함'이라고 알고 있었는데, 은수의 이야기를 듣고 자신이 남을 배려한다는 것을 알게 되었어요. 혜진이는 사회복지에 관심이 많았는데, 배려라는 강점으로 할 수 있는 일을 찾아보기로 하였지요. 이처럼 자신이 알지 못하는 강점을 다른 사람의 이야기를 통해서 찾을 수 있답니다.

❷ 친구에게 닮고 싶은 부분을 찾아보아요

친구의 좋은 점을 이야기하려고 하면 그 친구를 관찰하게 되고 친구와 관련된 일화를 떠올리게 되죠. 또, 친구와 있었던 일을 떠올리면서 친구의 행동을 닮고 싶었던 때를 생각하기도 한답니다.

예를 들어, 범진이는 상훈이의 좋은 점을 생각했어요. 그러자 상훈이가 편의점에서 다른 사람이 건드려서 떨어뜨린 물건을 같이 주워 주던 일이 생각났어요. 그냥 지나칠 수도 있었는데 짐이 많아서 물건을 떨어뜨리고 힘들게 줍는 사람을 도와주는 상훈이를 보고 나도 다음에 상훈이처럼 다른 사람을 도와주어야겠다고 생각했던 일이 떠오른 거예요.

사람들은 가장 가까이에 있는 사람을 닮게 되는데, 같이 생활하는 시간이 많을수록 그 확률은 높아지게 되죠. 친구끼리 서로 좋은 점만 따라 한다면 바로 옆에 롤모델이 생기는 것이니 성공할 확률이 높아지지 않을까요? 롤모델은 꼭 멀리 있지 않아요.

❸ 자아존중감을 키워요

친구들이 무심코 했던 나의 행동들을 가치 있게 생각하고 좋은 점으로 이야기해 주니 나 자신이 대단해 보이고 없었던 자신감이 생기기도 한답니다.

수업 Point

보민이는 학교에서 있는 듯 없는 듯 조용한 학생이었어요. 쉬는 시간에 친구들이 크게 떠들며 돌아다녀도, 보민이는 조용히 그림을 그리거나 화장실에 다녀오는 것이 전부였던 내성적인 친구였어요. 자신에 대해 어떤 친구도 관심을 갖지 않을 거라고 생각했던 보민이는 친구들이 수업 시간에 자신에 대해 좋은 점을 이야기해 주자 매우 놀랐어요.

"보민이는 그림을 잘 그려요.", "보민이는 조용해서 다른 사람의 이야기를 잘 들어줘요.", "보민이가 자리에 없으면 교실이 텅 빈 것 같아요.", "보민이는 부끄러움을 잘 타지만 다른 사람 욕을 하지 않아요." 등의 좋은 점을 이야기해 주고 자신에 대해 자신보다 더 칭찬해 주는 친구들이 너무 고마웠어요. 그리고 자신도 소중한 존재라는 생각이 들었지요. 자신이 소중한 존재라고 인식하기 시작하면 함부로 행동하지 않게 된답니다.

2단계 진로 스토리텔링 수업하기

수업 순서

1 순서를 정하여 첫 번째 친구부터 좋은 점을 이야기한다.

2 그 친구를 생각하면 떠오르는 그림 카드를 고른다.

3 고른 그림 카드가 그 친구의 어떤 점 때문에 생각났는지 포스트잇에 적는다.

4 그림 카드에 포스트잇을 붙여서 첫 번째 친구에게 준다.

5 모둠의 학생 모두 위와 같이 활동한다.

6 활동이 끝나면 워크시트에 그림 카드와 같은 그림의 스티커와 포스트잇을 붙이고 정리한다.

7 좋은 이야기를 해 준 친구들에게 감사의 인사와 이야기를 한다.

수업 흐름 잡기

T 여러분, 오늘 일어나서 지금까지 거울을 몇 번 보았나요? 거울에 비친 나는 지금 서 있는 나와 얼굴의 좌우가 반대라는 것을 알고 있나요? 또한 지금 말하는 나의 목소리와 음성 녹음된 나의 목소리가 똑같이 들리지 않는다는 것도 알고 있나요?

Ⓣ 그렇죠. 이처럼 내가 알고 있는 나도 다를 수 있는데, 다른 사람이 알고 있는 나는 또 어떤 사람일까요? 지금부터 또 다른 나를 알아보는 활동을 하려고 해요.

Ⓣ 같은 모둠에는 특별히 생각해 보지 않은 친구도 있을 것이고, 친하지 않은 친구도 있을 거예요. 활동을 통해서 그 친구에 대해서 진지하게 생각하는 시간이 되었으면 해요. 그 친구가 알지 못하는 좋은 점을 찾아 줄 수 있도록 해 보세요.

Ⓣ 시작해 볼까요? 나누어 준 워크시트에 자신의 이름을 써 주세요.

Ⓣ 워크시트를 가운데에 내려놓고, 그림 카드를 1장씩 가져요.

Ⓣ 가위바위보를 해서 이긴 사람이 주고 싶은 사람에게 그림 카드를 주고, 그림 카드를 많이 가진 사람부터 시작하도록 할게요.

Ⓣ 첫 번째 친구를 보고 그 친구의 장점, 닮고 싶은 점, 좋은 점 등이 떠오르는 그림 카드를 고르세요. 그리고 포스트잇에 왜 그 그림 카드를 골랐는지 짧게 써 주세요. 예를 들어 "○○이는 그림을 잘 그려."라고 한 친구가 그림 카드를 고르고, 다른 친구는 "○○이의 웃음소리는 나를 기분 좋게 해 줘." 하기도 하고, "쓰레기를 아

무 데나 버리지 않는 것을 보니 공중도덕을 잘 지키는 ○○이야."
하는 등등의 말을 써 주는 거예요.

(모둠별로 활동한다. 3분이 경과한 후.)

학생들에게 긍정적인 면만을 떠올려 쓸 수 있도록 격려해 주세요. 이번 활동은 장점을 찾는 활동으로 자신이 알지 못하는 남이 보는 나의 장점을 찾는 활동입니다. 이런 활동을 여러 번 한 후 단점을 알려 주는 활동으로 발전시켜야 좋은 결과를 낼 수 있답니다. 처음부터 부정적인 피드백을 받아 좌절하지 않도록 해 주세요.

T 다 했나요? 이제 그림 카드에 포스트잇을 붙여서 정리한 내용을 그 친구에게 주세요.

T 두 번째 친구를 정하여 첫 번째 친구에게 주었던 것처럼 그림 카드를 골라 포스트잇에 내용을 써서 주면 돼요. 돌아가면서 모둠의 모든 친구에게 좋은 점을 찾아 주세요.

(모둠별로 활동한다. 15분이 경과한 후.)

T 다 했나요? 이제 그림 카드에 포스트잇을 붙여서 그 친구에게 주세요.

T 처음에 받았던 워크시트에 친구들이 준 그림 카드와 같은 그림의 그림 스티커를 찾아서 붙이고, 친구들이 써 준 포스트잇을 떼어서

워크시트에 붙여 주세요. 모둠원 친구들이 나에 대해 어떤 말을 해 주었나요? 친구들과 서로 감사의 마음을 나누어요.

(모둠별로 활동한다. 3분이 경과한 후.)

Ⓣ 어때요? 여러분이 생각했던 자기 자신과 똑같았나요? 아니면 내가 모르는 나에 대한 이야기가 있었나요? 나는 그런 생각을 가지고 한 행동이 아니었는데 친구들이 나를 좋게 평가해 준 일은 없었는지 궁금하네요.

Ⓣ '내가 생각한 나와 친구가 생각한 내가 달라요.'라고 생각한 친구가 이야기를 한번 해 줄래요? 내가 생각한 나와 친구가 생각한 내가 같아도 좋겠네요. 이야기를 나누어 보죠.

(모둠별로 1명씩 이야기를 들어 본다. 10분이 경과한 후.)

Ⓣ '내가 알고 있는 나'와 '남이 알고 있는 나'의 영역이 같아질수록 소통을 잘하는 것이라고 하네요. 자기 안에 많은 것이 있어도 감추기만 한다면 '남이 모르는 나'가 많은 은밀한 내가 되는 것이고, '내가 모르는 나'가 많아질수록 다른 사람의 이야기를 듣지 않는 고집불통이 되는 것이래요. 다른 사람의 이야기를 듣는 소통하는 사람이 되는 것도 중요하지만, 다른 사람이 보는 좋은 점을 발전시키는 사람이 되는 것도 괜찮은 것 같네요.

3 단계 교실에서 바로 쓰기

그래서 네가 좋아~

STEP ❶ 추상어로 표현하기

105쪽에 있는 단어를 학생들에게 나누어 주고 그 단어를 보면 떠오르는 친구에게 추상어를 주며 이야기하는 활동으로 할 수 있어요. 추상어가 많은 경우에는 여러 단어를 친구에게 선물해 주는 것도 좋은 방법이에요.

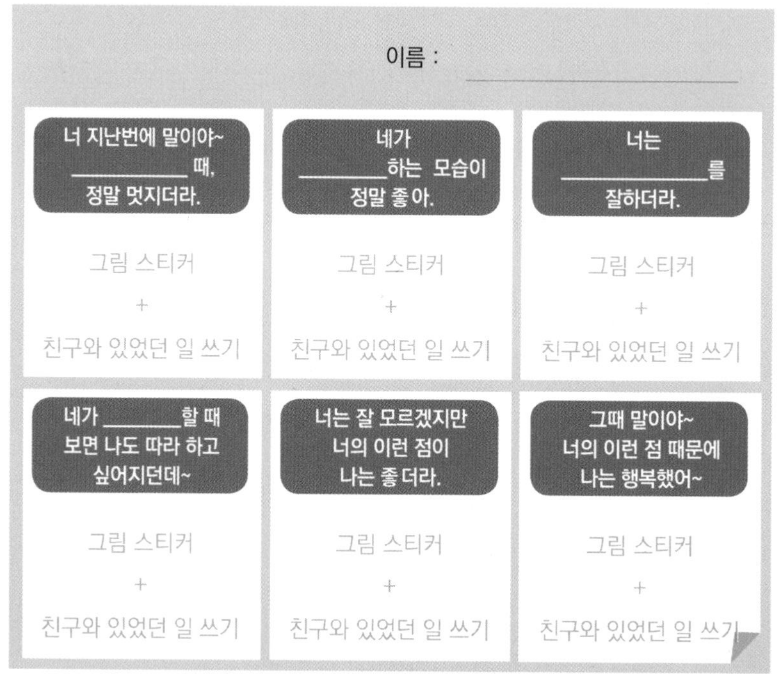

이름 : ____________________

너 지난번에 말이야~ ________ 때, 정말 멋지더라.	네가 ________하는 모습이 정말 좋아.	너는 ________를 잘하더라.
그림 스티커 + 친구와 있었던 일 쓰기	그림 스티커 + 친구와 있었던 일 쓰기	그림 스티커 + 친구와 있었던 일 쓰기
네가 ________할 때 보면 나도 따라 하고 싶어지던데~	너는 잘 모르겠지만 너의 이런 점이 나는 좋더라.	그때 말이야~ 너의 이런 점 때문에 나는 행복했어~
그림 스티커 + 친구와 있었던 일 쓰기	그림 스티커 + 친구와 있었던 일 쓰기	그림 스티커 + 친구와 있었던 일 쓰기

너의 이런 점이 좋아!

리더십	분별력	결단력	탐구심	소박함	부지런함
책임감	이해심	섬세함	여유로움	가능성	희망적
꼼꼼함	사랑	정확함	용기	추진력	배려
자신감	친절	융통성	자비로움	예민함	평화
밝음	호기심	카리스마	의리	논리적	조화
전통적	대처 능력	모범적	겸손함	집념	건강함
인내심	명랑함	탁월함	분석적	설득적	절제력
쾌활함	지혜로움	창의적	이해력	신중함	정의로움
민첩함	에너지 넘침	주도적	재치	부드러움	집중력
성실	포용력	전문성	낭만적	순수함	승부욕
판단력	정직	윤리적	따뜻함	적응력	사려 깊음
의지력	도전적	솔직함	검소함	봉사심	강인함
현실적	열정적	인정 많음	긍정적	협동심	충성심
신뢰	현명함	소신 있음	공정성	협상 능력	완벽함
통찰력	독립 정신	유머 감각	세련됨	관찰력	집중력

STEP❷ 단점을 반대로 칭찬하기

친구의 단점을 긍정적으로 칭찬해 보는 활동으로, 예를 들면 말이 빠른 친구는 '할 말이 많아서', '가진 것이 너무 많아서'라고 바꾸어 말하는 거예요. 여러 친구가 한 가지 단점을 바꾸어 말하다 보면 정말로 장점으로 바뀔 수 있어요.

STEP❸ 칭찬 스토리북 만들기

긍정적인 사람도 자신에게는 인색한 면이 있지요. 힘들 때에는 다른 사람의 칭찬이 약이 되기도 해요. 칭찬을 모아서 책 형태로 만들면 어렵거나 지칠 때 읽어 보고 기운을 낼 수 있답니다.

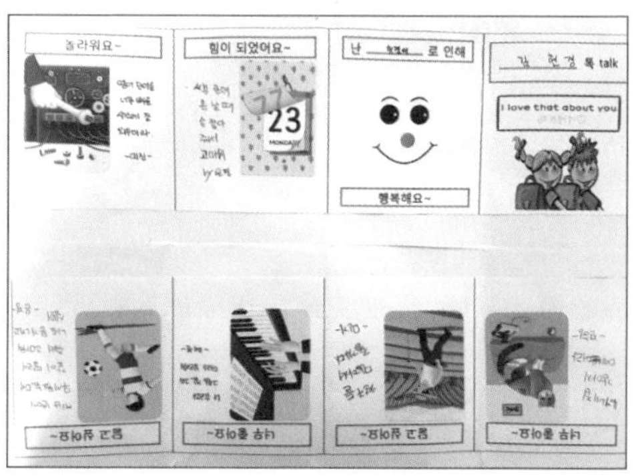

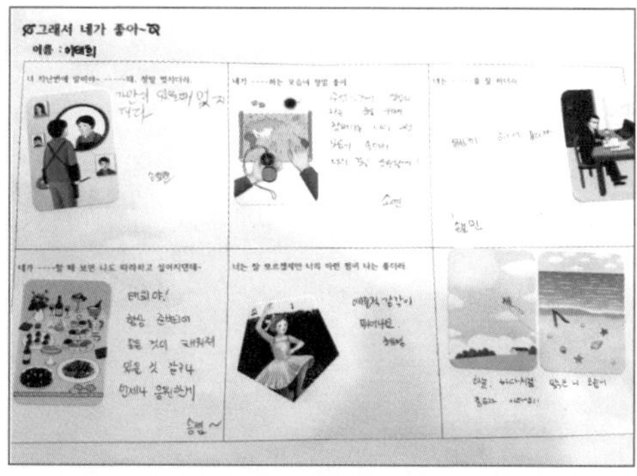

조하리의 창

1950년대에 미국의 심리학자 조셉 러프트(Joseph Luft)와 해리 잉햄(Harry Ingham)이 집단 역학에 관한 조사를 하는 과정에서 개발한 모델로, 둘의 이름을 결합하여 조하리(Johari)의 창 모델을 만들었어요. 조하리의 창은 마음의 창을 다음 4가지로 구분해요.

자신 / 타인	자신이 아는 부분	자신이 모르는 부분
타인에게 알려진 부분	**A 공개된 창(Open Area)** 본인과 주변 모두 공통적으로 알고 있는 외적으로 드러나는 정보 (이름, 나이, 성별 등의 친하지 않아도 알 수 있는 것들)	**B 가려진 창(Blind Area)** 본인은 모르지만 타인이 알고 있는 정보 (이를테면 타인의 눈에 보이는 자신의 습관, 성격, 무의식적 행동들)
타인에게 알려지지 않은 부분	**C 비밀의 창(Hidden Area)** 본인은 알고 있으나 타인은 모르는 정보 (숨겨둔 욕망, 감정, 비밀, 희망, 꿈 등으로 말하지 않고 감추어 둔 것들)	**D 미지의 창(Unknown Area)** 본인도 모르고 타인에게도 안 보이는 미지의 정보 (사람은 모든 것을 알지 못하므로 누구에게나 있는 잠재적 영역)

PART

03

세상에는 어떤 직업이 있을까?

Chapter 01

직업 떠올리기

그림 카드를 보고 떠오르는 직업을 능동적으로 찾아보는 활동

활동 대상	초등 중학년 이상	소요 시간	약 50분
영역	일과 직업 세계의 이해	활동 방법	개인 또는 모둠
준비물	이야기톡 카드(또는 단순하지 않은 사진이나 그림), 필기구, 스톱워치, 포스트잇		
핵심 역량	지식 정보 처리 역량, 창의적 사고 역량(유창성, 유추성, 새로운 발견 등)		

1단계 스토리텔링 인문학

음악이 흐르고 편안한 소파에 앉아 창가를 바라보는 모습. 주변에서 흔히 볼 수 있는 모습입니다. 이 모습에서 떠올릴 수 있는 직업은 몇 가지가 있을까요? 바리스타, 쇼콜라티에, 실내 가구 디자이너, 도자기 공예사, 플로리스트 등이 떠오르는군요. 이처럼 자기 주변에 있는 직업에는 무엇이 있는지 생각해 보고자 합니다. 직업을 다양하게 떠올리다 보면 호기심과 관심이 생길 수 있거든요. 그 관심이 확대되어 자신이 할 수 있는 일을 만들어 갈 수도 있고요. 이를 통해 진로 탐색의 폭을 넓히는 계기가 될 것입니다.

수업 Point

❶ 직업은 우리 곁에 가까이 있어요

이 활동을 통해 어떤 생각이 들었냐는 질문에 가장 먼저 나오는 대답은 “우리 주변에 이렇게 많은 직업이 있는 줄 몰랐다.”는 말입니다. 그만큼 가까이에서 직업을 탐색하는 기회가 되는 것이죠. 많은 경우 직업을 탐색하자고 하면, 드라마나 영화에 나오는 멋진 직업만 생각합니다. 그런데 이 활동을 통해 우리 주변에 많은 것들이 직업으로 연결된다는 것을 알고 느끼는 기회가 된답니다. 자기 주변 가까이에서도 충분히 많은 직업을 찾아볼 수 있다는 것 잊지 마세요.

❷ 직업은 꼬리에 꼬리를 물고 있어요

신발이 나오기까지 생산 분야에서는 디자이너, 가죽 다루는 사람, 신발의 형틀을 만드는 사람, 재봉하는 사람 등을 거치게 됩니다. 상품이 완성된 후에도 기획팀과 마케터가 있어야 하고, 상품을 진열장까지 운반하는 사람, 가게에 신발을 진열하고 판매하는 엠디(MD) 등 여러 직업군이 필요합니다. 이처럼 한 가지 직업은 다른 여러 직업과 연결되어 있다는 사실도 알 수 있습니다.

한 가지 제품이 소비자의 손에 도착하기까지는 여러 직업인의 손을 거쳐야 하는데, 내가 하고 싶은 일이 그중에 어떤 것과 연결되어 있는지 ‘직업 떠올리기’ 활동을 통해 알 수 있습니다. 그림 카드의 한 부분만 세심하게 관찰해도 그와 관련한 다양한 직업이 꼬리에 꼬리를 물 듯이 생각나고 떠오르니까요.

수업 Point

❸ 관찰력과 논리력을 키울 수 있어요

그림 카드를 보고 직업을 떠올리기 위해서는 그것을 자세히 봐야 합니다. 그래서 학생들은 그림 카드의 구석, 잘 보이지 않는 곳까지 아주 세세히 보지요. 그리고 그와 관련한 것을 발표하면, 다른 친구들도 덩달아 그림을 더욱 자세히 본답니다. 이러한 과정에서 관찰력이 자연스럽게 길러지겠지요. 더불어 관찰력에 상상력까지 더해지는 것을 볼 수 있어요.

예를 들어 그림에 이불이 있다면, 목화 재배가를 떠올리는 경우도 있답니다. 목화를 가공하고 이불이 된다는 논리를 가지고 있어야 하는데, 이를 친구들끼리 서로 가르치고 배울 수 있습니다.

❹ 주체적 진로 탐색의 동기가 돼요

직업 떠올리기를 하면서 평소 관심을 두지 않았던 직업에 대해서도 호기심을 갖는 경우가 많습니다. 왜냐하면 능동적으로 자기 스스로 찾아낸 직업이기 때문에 뿌듯하기도 하고 애착도 생기거든요. 마치 김춘수의 〈꽃〉이라는 시에서 '내가 그의 이름을 불러 주었을 때 그는 나에게로 와서 꽃이 되었다.'는 구절처럼 말입니다. 의미 없던 직업에 의미가 생기면 아이들은 궁금해합니다. 어떤 일을 하는지 어떤 역량이 필요한지에 대해서도 알고자 하지요. 정보 검색은 물론 전문 직업인에게 물어보기도 하고, 폭넓게 탐색하고자 한답니다.

그렇듯 직업 떠올리기 활동이 주체적 탐색 활동으로 이어지는 긍정적 효과를 얻을 수 있습니다.

진로 스토리텔링 수업하기

수업 순서

1 5~6명 정도의 모둠을 구성한다.(10명 이하 활동일 때는 개인별 활동도 됨.)

2 준비한 그림 카드를 본다.

3 2분 안에 되도록 많은 직업을 떠올리고 포스트잇에 적는다.

4 포스트잇에 적은 것을 화이트보드나 4절지 등에 붙인다.

5 모둠별로 발표한다.

6 발표 내용을 보고 궁금한 점을 서로 이야기한다.

7 활동 후 느낀 점을 나눈다.

수업 흐름 잡기

T 오늘 등굣길에 여러분이 지나온 길을 한번 생각해 보아요. 어떤 경로를 거쳐 왔나요?

(학생들의 대답을 듣고 나서.)

T 그 과정에서 보았던 직업은 어떤 것이 있을까요?

(학생들의 대답을 듣고 나서.)

T 그래요. 많은 친구들이 다양한 직업을 이야기하네요. 이처럼 혼자 생각하는 것보다 함께 생각하면 훨씬 많은 것을 떠올릴 수 있어요. 그래서 오늘은 친구들과 함께 직업을 떠올리는 활동을 해 보려고 해요.

T 이 연필을 한번 봐 주세요. 이 연필과 관련된 직업은 어떤 것이 있을까요?

(연필을 만드는 일과 관련된 직업, 그것을 쓰면서 생길 수 있는 직업을 포함하여 학생들의 다양한 대답을 유도한다.)

Tip

그림 카드를 선정할 때

그림 카드는 진행자가 미리 준비하는 것이 좋아요. 그런데 오른쪽 그림처럼 너무 단순한 그림은 많은 직업과 연결하기 어렵답니다. 여러 가지 사물이나 사람이 섞여 있는 그림 카드를 사용하는 것이 다양한 생각을 이끌어 내기에 좋습니다. 잡지 사진이나 현실 사진을 대체하여 사용하는 것도 물론 가능합니다. 하지만 환상적인 그림이나 단순한 그림은 피해 주세요.

T (학생의 의견을 되짚으며.) 작가, 문구사 주인, 목공, 일러스트레이터 등 참 많죠? 이렇게 그림을 보며 떠올리는 활동을 할 거예요. 지금

부터 하나의 그림을 보여 줄 거예요. 그림을 보고 연상되는 직업을 모두 적어 보는 거예요. 그림과 관련한 것은 어떤 것도 괜찮아요. 딱 보면 떠오르는 직업, 그림의 어떤 부분과 연관된 직업, 그 그림에서 필요할 것 같은 직업 등을 같이 생각해 주세요. 그리고 주어진 포스트잇에 적어 주세요. 직업의 이름이 생각나지 않는다면 '~한 일을 하는 사람'이라고 표현해도 됩니다.

직업의 명칭

직업의 이름을 알지 못하는 경우에는 '○○ 일을 하는 사람', '○○ 만드는 사람'으로 적게 하는 것도 좋아요.

Ⓣ 그럼 지금부터 시작해 볼까요? 과연 어떤 그림이 나올까요? 참, 시간은 2분입니다. 모두 "보여 주세요~"를 외치면 그림을 보여 줄게요.

(타이머로 볼 수 있도록 준비, 2분이 경과한 후.)

Ⓣ 여러분이 적은 직업의 이름을 나눠 준 4절지에 붙여 주세요. 그리고 모둠 구성원 중 한 명이 발표해 주세요. 발표 내용을 보면서 왜 그 직업이 나왔는지 이해되지 않는 직업은 발표 후 질문해 주세요.

(발표 및 질문.)

T 발표를 들으며 '저런 생각을 하다니 정말 기발하다.'고 생각한 직업이 있었나요?

(학생의 의견을 청취, 교사의 생각도 포함하여 생각 나누기.)

T 이렇게 많은 직업을 생각할 수 있다는 것이 참 대단하네요. 특히, 많은 친구들이 생각지 못한 'OO 직업'을 떠올린 OO에게 큰 박수로 격려해 주세요.

Tip

직업으로 인정하지 않는 경우

'OO 회사'처럼 애매하게 적는 경우가 있어요. 그럴 때에는 회사는 많은 직업인들이 모여 일하는 곳이라고 설명해 줍니다. 또, 직업인지 아닌지 애매한 경우는 구성원들과 의논하여 정하면 된답니다. 단, 직업은 합법적인 경제 활동이어야 하고, 지속적이어야 한다는 점을 설명하고 의견을 나누어야 한다는 점 잊지 마세요.

T 지금부터는 오늘 활동을 하고 난 후의 느낀 점을 나누어 볼까요? 이 활동을 하고 나니 어떤 생각이 들었나요?

(수업 포인트를 참고하여 생각과 느낌 공유 및 활동에 대한 의미 부여.)

T 지금과 같은 호기심과 관찰력만 있다면 우리가 하고자 하는 일과 연결시킬 수 있어요. 그것은 항상 그냥 지나칠 수 있는 것을 눈여

겨보는 데서 얻어지는 경우가 많습니다. 사소한 것이지만 가끔은 깊게 생각해 보는 습관을 가져 보는 것은 어떨까요?

- 창직하기 활동으로 연결할 경우, 포스트잇에 정리된 직업 이름은 보관하는 것이 좋습니다.
- 다음 그림 카드를 보고 떠올린 직업(모둠별)

1조
어부
기자
여행가
식물가
발명가
건축가
광부
사냥꾼

2조
약초 채취가
지도 제작자
표지판 제작자
다큐멘터리 작가
장소 섭외자
가방 디자이너
여행가/나무꾼
목수/운동선수

3조
탐험가/정원사
마트 배달원
부동산업자
정원사/농부
사회복지사
내비게이션 직원
환경미화원/가이드
심부름꾼/유니세프 직원

〈출처: 고현주 강사/초등3·4학년(청주)〉

교실에서 바로 쓰기

STEP❶ 마인드맵 활동하기

그림을 보고 직업을 분야별로 떠올려 보는 활동입니다. 그림 스티커를 가운데에 붙이고, 그림의 부분마다 가지를 만들어 마인드맵을 완성하는 것이죠. 유사 직업군을 떠올릴 수 있는 활동이랍니다. 그림 스티커 대신 직접 그림을 그려도 돼요.

예시 마인드맵 : '**가수**' 하면 떠오르는 직업

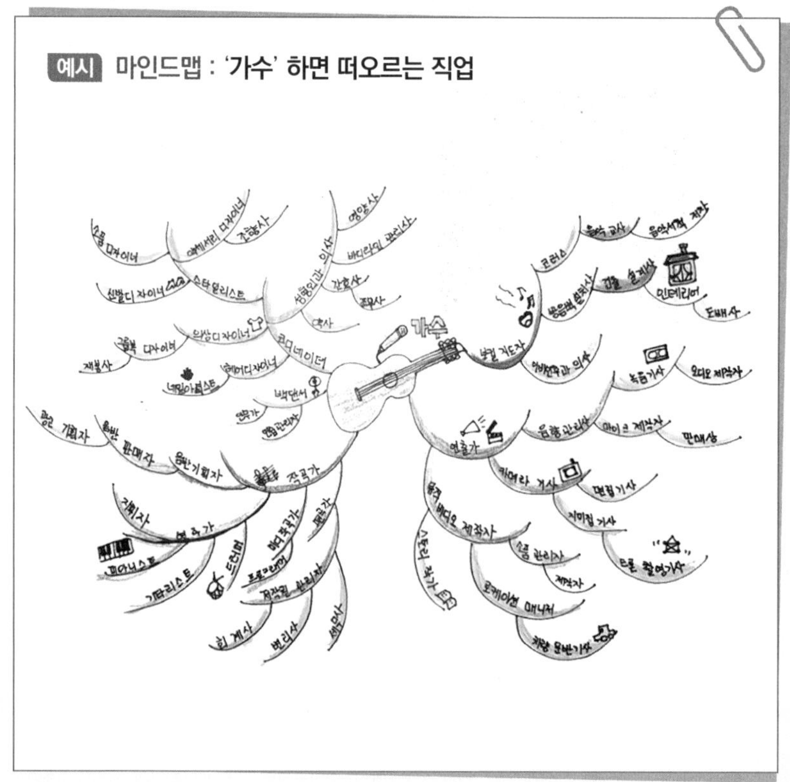

STEP❷ 순서대로 진행하기

'직업 떠올리기 → 직업 정의 내리기 → 직업 분류하기 → 창직하기' 순으로 진행하는 게 좋아요. 직업 떠올리기가 다음 활동들의 기초가 되는 활동이라는 점 기억해 주세요!

STEP❸ 현재 있는 곳에서 직업 떠올리기

지금 있는 곳과 관련된 직업을 떠올려 보면 됩니다. 문답식으로 대화하듯 이야기를 나눠 보면, 우리 주변에서 다양한 직업을 찾을 수 있어요.

▲ '직업 떠올리기'를 할 때 직업이 많이 나오는 카드

Chapter 02

직업 정의하기

떠오른 직업을 정의하며 직업인이 갖추어야 할 역량과 가치관에 대하여 생각해 보는 활동

활동 대상	초등 고학년 이상	소요 시간	약 50분
영역	일과 직업 세계의 이해	활동 방법	개인 또는 모둠
준비물	필기구, 직업 떠올리기에서 떠올린 직업(포스트잇)		
핵심 역량	창의적 사고 역량(유창성, 독창성), 의사소통 역량(공감, 경청), 지식 정보 처리 역량(문제 해결 역량)		

1 단계 스토리텔링 인문학

어느 식당에 점심을 먹으러 갔는데 옆 테이블에 온 가족이 앉아 이야기하고 있었습니다. 식사가 끝났는지 차를 마시며 재미있는 문제를 내고 있었어요. 들어보니 '스무고개'를 하고 있더라고요. 엄마가 문제를 내는데 몇 고개쯤에서 아빠는 '사과', 아들은 '바나나'라고 답을 말했습니다. 엄마가 낸 문제의 정답은 사과였어요. 아들은 왜 바나나라고 말했을까요?

물론 스무고개까지 가지 않아 많은 정보를 얻을 수 없었다는 이유도 있겠지요. 하지만 '사과에 대한 엄마의 정의'와 '바나나에 대한 아들의 정의'가 비슷하여 아들이 오답을 말한 것은 아닐까요? 이처럼 각자의 사물에 대한 정의가 달라 생각이 달라지는 경우가 많습니다. 직업도 마찬가지입니다. 정의를 어떻게 내리느냐에 따라 직업에 임하는 태도가 달라질 수 있고, 그에 따른 선택의 차이가 있을 수 있습니다.

❶ 직업에 대해 구체적으로 고민하고 탐색하는 계기

직업에 대한 정의를 직접 내리면 어떤 일을 하는 직업인지 깊게 생각해 볼 수 있습니다. 정의라는 단어를 사전에서 찾아보면, '어떤 단어나 사물의 뜻을 명백히 밝혀 규정하는 것'이라고 되어 있습니다. 또 다른 뜻은 '어떤 개념의 외연에 대하여 내포(內包)를 구성하는 여러 속성 가운데 본질적인 속성을 제시하여 그 내포를 한정하는 일'이라고 되어 있고요. 단어의 뜻대로 보자면, 정의란 그 직업의 본질적인 속성을 제시하여 어떤 일을 하는지 규정하는 것입니다.

정의하기를 통해 '그 직업이 좋을 것 같다.'라는 막연한 생각에서 벗어나 좀 더 구체적으로 생각할 수 있고, 직업에 대해 이해하는 계기가 된답니다. 그것이 바탕이 되어 자신이 생각한 직업에 대해서도 구체적으로 탐색하고자 하고, 스스로 정의하기를 해 보며 자신의 진로를 출발점에서 다시 생각하기도 합니다.

수업 Point

❷ 정확한 단어를 사용하게 되고 표현력도 키울 수 있어요

'직업 정의하기' 활동을 하며 많은 친구들이 어떤 용어를 써야 할까 고민합니다. 그러한 고민에서 단어의 선택이 신중해지고 바른 표현을 찾고자 하지요. 예를 들어 어떤 모둠이 공간 디자이너에 대한 정의를 '공간을 나누어서 규모 있게 사용하게 하는 사람'이라고 하였어요. 그런데 다른 모둠에서 '공간을 규모 있게 사용하기 위하여 디자인하는 사람'이 더 좋겠다고 말합니다. 한 번 더 생각하고, 조금 더 정확하게 정의하려 노력하는 것이죠. 완벽하지 않더라도 표현력을 키우는 데 도움이 됩니다.

❸ 자신이 중요하게 생각하는 직업 가치관을 알게 되어요

한 학생이 화가에 대해 정의했어요. '그림을 그려서 아름다움을 나누는 사람'이라고요. 다시 한 번 고민한 끝에 '아름다움을 나누기 위해 그림을 그리는 사람'이라고 정리합니다. 이렇게 다시 생각하고 고치는 과정을 통해 더 분명하고 정확하게 표현할 수 있어요.

자신이 중요하게 생각하고 추구하는 대상이 되는 것을 '가치관'이라고 합니다. 학생들은 어떤 직업의 목적을 생각할 때 자연스럽게 가치관을 드러냅니다. 정의하기를 통해 발표한 후 가치관에 대해 되돌리기를 해 준다면 학생 개인 또는 모둠의 가치관을 이해하는 데 도움이 되지요. 자아 이해나 타인 이해에도 도움이 됩니다.

진로 스토리텔링 수업하기

수업 순서

1 모둠별 '직업 떠올리기'를 한 결과로 나온 직업을 다시 살펴본다.

2 모둠별 3개의 직업을 선택하여 그 직업에 대해 정의를 내린다.

3 직업에 대한 정의를 모둠별로 발표한다.

4 발표에 대해 의문이 있을 때 질문하고 의견을 나눈다.

5 같은 직업에 대해 다른 정의가 나온 경우, 전체 의견을 나누어 다시 정의한다.

6 직업 정의하기 활동 후 느낌을 공유하고 마무리한다.

7 활동 후 느낀 점을 나눈다.

수업 흐름 잡기

T 자, 이제 '직업 떠올리기'를 한 결과를 훑어보세요. 그리고 끌리는 직업이 있다면 3개만 골라 주세요.

T 정의를 내릴 때는 그 직업의 대상, 목적, 하는 일이 포함되도록 정의해 주세요. 예를 들어 교사라고 하면 누구를 대상으로 하는 것이죠? 맞아요. 학생이죠? 학생을 대상으로, 무엇을 목적으로 하나

요? 바람직한 시민으로 성장하는 것을 목적으로 하는데, 어떤 일을 하는 것인가요? 네. 가르치는 일, 무엇을 가르치느냐면, 교과 지식과 인성, 생활 지도 등을 하는 것이죠. 그렇다면 교사를 어떻게 정의 내릴 수 있나요?

'교사란 학생이(대상) 바람직한 시민으로 성장하는 것을 돕기 위해(목적) 올바른 품성과 지식을 가르치고 지도하는 일을 하는 사람'이라고 정의해 볼 수 있겠죠?

Ⓣ 이렇게 여러분이 생각한 직업에 대해 대상, 목적, 하는 일을 정리해 정의하면 되는데요. 직업 사전에 나와 있는 정의가 아니라 여러분의 생각을 모아 써 주면 돼요. 활동지에 정리해 볼까요? 시간은 5분입니다.

(학생들이 어려워하는 경우, 하는 일에 초점을 맞추어 정의하도록 함.)

- 정의 내리기를 어려워하는 학생들에게는 직업이 하는 일을 중심으로 정리해 보도록 안내해 주세요.
- '직업 정의하기'를 하다 보면 인터넷을 검색하는 경우도 있습니다. 검색을 통해 정확한 정의를 아는 것도 직업을 탐색하고 이해하는 데 도움이 되는 만큼 크게 제한하지 않아도 됩니다.

5분 경과 후

Ⓣ 그럼 지금부터 여러분이 정의한 직업에 대해 발표해 보겠습니다.

어느 모둠부터 발표할까요?

(상황에 따라 모둠 발표 순서를 정하고 발표. 의문이 있는 경우 질문하고 대답하는 과정을 포함한다. 그 과정에서 그 일을 하기 위해 어떤 능력이 필요하고, 무엇을 준비해야 하는가에 대해 의견을 나눔.)

Ⓣ 자, 이제 발표를 다 들었어요. 궁금한 점에 대해 각 모둠에서 생각하는 의견도 다 들었는데요. 직업에 대한 정의 내리기를 해 보니 어땠나요?

('어렵다.', '직업에 대해 구체적으로 생각해 보는 계기가 되었다.', '같은 직업이라도 생각의 차이가 있다.'는 등의 내용을 많이 이야기함.)

Ⓣ 그렇습니다. 어떤 직업을 떠올릴 때 우리는 막연히 '그 직업은 OO한 일을 하지!' 하고 생각합니다. 하지만 그것을 구체화 시켜 정리하고 말하는 것은 쉽지 않습니다. 이런 활동을 하다 보면 구체화할 수 있는 기회가 되지요. 그리고 구체화하는 과정에서 "어떤 일을 해야 할 것인가?", "그 일을 위해서는 어떤 것을 할 수 있어야 하지?" 하는 것들을 연결하여 생각할 수 있습니다. 그럼으로써 직업을 보는 눈이 좀 더 현실적이 되고, 직무 능력을 키우고 준비하는 계기가 되기도 한답니다. 특히 자신이 원하는 직업을 다시 한 번 생각해 보는 계기가 될 수 있습니다.

예시 직업 정의하기(중학교 3학년 학생)

❶ **플로리스트** 꽃을 좋아하는 사람들을(대상) 즐겁게 하기 위해(목적) 꽃의 색상, 배열 등을 조합하여 조화롭게 하는 일을 하는 사람.

❷ **가사 도우미** 집안일을 해야 하는데 일이 바쁜 사람(대상)의 집을 깨끗하게 하거나 다른 일을 돕기 위해(목적) 청소, 요리 등을 하는 사람.

❸ **심리 치료사** 마음이 아픈 환자(대상)의 마음을 치료하기 위해(목적) 여러 가지 마음 치료 활동을 하는 사람.

❹ **사진작가** 자연, 생물, 야경을 대상으로 예쁜 자연이 있다는 걸 보여 주기 위해(목적) 세계 각지를 돌아다니며 자연과 야경 등을 카메라로 찍는 일을 하는 사람.

❺ **건축가** 집짓기를 원하는 사람을 대상으로 소비자가 안락하게 지낼 수 있는 집을 만들기 위해 (목적) 설계도에 따라 집을 짓는 일을 하는 사람.

❻ **색채 디자이너** 색 조합이 미숙한 사람들을 대상으로 자신의 적성을 살려 아름다운 색 조합으로 소비자가 원하는 디자인을 만들기 위해(목적) 옷이나 벽지 등의 색깔 패턴을 맞춰 주는 사람.

❼ **그릇 디자이너** 소비자를 대상으로 음식을 돋보이게 하는 그릇을 만들기 위해(목적) 그릇의 모양, 무늬 등을 용도에 맞게 디자인 하는 사람.

❽ **피아니스트** 음악을 즐기는 사람들에게(대상) 아름다운 음악으로 심신을 정화시키고 즐겁게 해 주기 위해서(목적) 사람들 앞에서 피아노를 치는 사람.

〈출처: 교사 고문심/중학교 3학년(제주)〉

교실에서 바로 쓰기

직업 정의하기

다음 내용을 참고하여 직업 정의하기를 해 봅시다.

❶ '직업 떠올리기'를 한 직업 이름을 함께 봅니다.

❷ 모둠 구성원과 의논하여 3가지 직업을 고릅니다.

❸ 예시를 보면서 우리가 선택한 직업 3가지에 대해 대상과 목적, 하는 일이 포함되도록 직업을 정의해 봅시다.

예시 교사란 초중등 학생이(대상) 바람직한 시민으로 성장하는 것을 돕기 위해(목적) 올바른 품성과 지식을 가르치고 지도하는 일을 하는 사람.

① **직업 이름** ______________________

- 대상 :
- 목적 :
- 하는 일 :

- (　　　　　)의 정의 :

② 직업 이름 ____________________

• 대상 :

• 목적 :

• 하는 일 :

• (   )의 정의 :

③ 직업 이름 ____________________

• 대상 :

• 목적 :

• 하는 일 :

• (   )의 정의 :

Chapter

03 직업인의 하루 일과

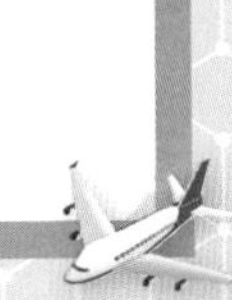

궁금한 직업인이나 미래 직업인의 하루 일과를 상상해서 스토리텔링 해 보는 활동

활동 대상	초등 저학년 이상	소요 시간	약 50분
영역	진로 탐색	활동 방법	개별 활동 및 단체
준비물	워크시트, 이야기톡 스티커, 색연필 등 채색 도구		
핵심 역량	의사소통 역량, 창의적 사고 역량, 심미적 감성 역량		

1단계 스토리텔링 인문학

음식을 매우 좋아하는 스튜어디스였던 K는 그녀만의 음식점을 갖는 꿈이 있었습니다. 그녀는 많은 나라를 다니면서 다양한 음식을 접하고 연구했습니다. 마침내 그녀는 은퇴를 하고 조그마한 음식점을 차리게 되었습니다. 그런데 그녀는 고객들을 대하며 경영을 해야 함에도 음식을 너무 좋아한 나머지 주방 일에만 관여를 했습니다. 고객 응대를 더 이상 하고 싶지 않았기 때문입니다. 고객을 상대해야 하는 것이 이전보다 더 스트레스로 다가왔고, 결국 몇 개월이 지나 음식점 문을 닫아야 했습니다.

'음식을 좋아하니 음식점을 하면 잘할 수 있겠구나.' 하는 막연한 생각이 시간과 돈을 낭비하는 결과를 가져왔는지도 모릅니다. 그녀가 음식점을 운영하는 하루하루를 자세히 그려 보았다면 어땠을까요? 음식점을 차리기 전에, 음식점을 경영한다면 어떤 일을 하고 어떤 일상을 보내게 될지 구체적으로 탐색하고 준비했다면 결과는 달라졌을지 모릅니다.

❶ 자아 이해의 기회 및 직업 적합도를 확인해요

'직업인의 하루 일과' 활동을 하면서 하루에 발생할 수 있는 일의 종류와 과정을 알 수 있습니다. 구체적으로 정리하면서, 또는 미래 일기를 쓰면서 그 직업의 흥미와 적성 분야, 성격, 직업 가치 등을 살펴볼 수 있습니다. 이 과정에서 자신의 특성에 그 직업이 적합한가를 자연스럽게 살필 수 있습니다. 그럼으로써 자신이 그 직업을 정말 원하고 있는가를 확인해 볼 수 있는 기회가 될 수 있답니다.

❷ 직업인의 생활 속에서 사소한 행복을 찾아요

삶의 행복은 거창한 성공이나 업적보다 일상생활 속 소소한 만족과 기쁨이 만들어 가는 경우가 많습니다. 직업인의 삶도 중요하지만, 일상생활의 여유로움과 취미 활동 등도 행복한 삶을 위해 꼭 필요하다는 점을 안내해 주세요. 직업인으로서 삶을 유지하기 위해 취미 활동과 건강 유지 활동

등이 밑바탕 되어야 한다고 강조하고, 청소년 시기부터 준비할 수 있도록 지도하면 좋겠지요?

❸ 같은 직업이어도 개인의 가치관에 따라 삶의 모습이 달라요

활동을 하다 보면 같은 직업이라도 어떻게 바라보는가에 따라 삶의 모습이 다르게 나타난다는 것을 알 수 있답니다. 바로 개인마다 가치관이 다르기 때문이지요. 개인의 가치관에 따라 삶의 모습만이 아니라 사회 전체에 미치는 영향 또한 다릅니다.

많은 청년들이 공적인 가치를 실현하며 자신과 사회 전체가 행복한 삶을 위해 노력하고 있음을 예를 들어 안내하고(열린옷장의 한만일 대표, 캠퍼스멘토의 안광배 대표, 오이씨의 장영화 대표 등), 학생들이 자신만이 아닌 사회 전체도 생각할 수 있도록 기회를 주세요.

2단계 진로 스토리텔링 수업하기

수업 순서

1 각자 관심 가는 직업인을 생각해 본다.

2 모둠에서 각자 관심 가는 직업에 대해 말한다.

3 구성원이 협의하여 한 가지 직업을 선택한다.

4 그림 카드를 펼쳐 놓는다.

5 모둠에서 정한 직업인의 하루 일과를 구체적으로 생각하며 카드를 고른다.

6 고른 카드를 스토리판에 붙이고, 하루의 일과를 정리한다.

7 모둠별 발표를 하고 서로 질문과 답변의 시간을 갖는다.

8 개인별 미래 일기 쓰기 활동 후 발표한다.

9 활동 후 느낀 점을 나눈다.

수업 흐름 잡기

T 이번 시간에는 특정 직업인의 하루를 구체적으로 생각하고 정리해 보는 활동을 할 거예요. 여러분이 관심을 두고 있는 직업이 있다면, 그 중 한 직업인을 생각해도 되고, '창직하기(142쪽 참고)'를 통해 모둠에서 나왔던 여러 직업 중에 한 가지를 생각해 봐도

된답니다. 또는 지금 직업인 한 명을 떠올려도 되고요.

1분 경과 후

Ⓣ 이제 모둠별로 각자 생각한 직업인에 대해 돌아가며 말해 보겠습니다. 그동안 어떤 직업인의 하루 일과를 생각하고 정리할지 생각하며 들어 주세요. 한 친구당 30초 정도 할애하여 직업의 이름과 생각한 이유를 간단히 말해 주세요.

2~3분 경과 후

Ⓣ 모둠 구성원 모두의 이야기를 듣고 모둠에서 결정해 주세요. 결정 방법은 모둠에서 알아서 해 주세요. 투표에 의한 다수결이나 설득 모두 좋아요. 시간은 2분 줄게요.

2분 경과 후

Ⓣ 지금부터는 모둠별로 그림 카드를 펼쳐 주세요. 그리고 우리가 선택한 직업인은 '아침에 일어나서 잠들 때까지 어떤 생활을 할까?'에 대해 서로 의견을 나누며 카드를 골라 주세요. 카드는 10장 이내로 제한할게요. 시간은 5분 줄게요.

5분 경과 후

Ⓣ 고른 카드는 스토리판에 붙입니다. 붙일 때는 시간 흐름에 따라

나열해 주세요.

5분 경과 후

Ⓣ 모둠별로 발표해 볼게요. 발표를 들으면서 이야기의 구체적 상황에 대해 궁금한 점이 있을 때에는 질문이 가능해요. 그리고 질문에 대한 대답은 다른 학생이 해도 됩니다.

(발표 및 질문과 답)

예시 가수의 하루 일과

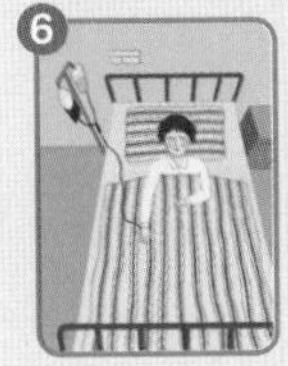

Ⓢ 저는 히트곡이 많은 가수입니다.

① 오늘은 오전에 공연이 있는 날이어서 새벽 3시에 일어났어요.

② 피아노를 치며 오늘 부를 곡을 3시간 정도 연습해야 했어요. 그래야 목이 풀리고 감성을 살릴 수가 있거든요.

③ 그 후, 청담동의 숍으로 가서 헤어와 메이크업을 2시간 동안 받았어요.

④ 점심 12시, 드디어 오늘 공연을 시작했어요. 저는 4분간 열창을 했습니다.

⑤ 끝나고 라디오 생방송이 있어서 급하게 이동하던 중에 교통사고가 났습니다.

⑥ 저는 고개를 들 수가 없어서 결국엔 병원에 입원을 하였습니다.

⑦ 그런데 병원에서 만난 의사가 제 이상형! 우리는 서로 반했어요.

⑧ 저는 비밀 연애를 시작하게 됩니다.

⑨ 이날 제 사고는 뉴스에 보도되었는데요.

⑩ 제가 교통 법규를 어긴 것으로 잘못 보도되어 난감하게 되었습니다. 저에 대한 스캔들 때문에 정말 골치가 아프네요.

(발표 후 질문을 통해 구체화 과정을 거칩니다. 상황에 대해 감정 이입하고 대답하도록 해 주세요.)

질문 1 새벽 3시에 일어났을 때는 어떤 감정 상태였나요?

질문 2 연습은 잘 되었나요?

질문 3 공연을 할 때 느낌은 어땠나요?

질문 4 공연 후 반응은 어땠나요? 만족했나요?

질문 5 가수가 되어 하루를 정리하면서 어떤 부분이 가장 기억에 남고 인상적인가요?

질문 6 희망 직업을 하기 위해 지금부터 준비해야 할 것은 어떤 것이 있을까요?

발표 후, 질문 대답 예시

Ⓣ 네, 잘 들었습니다. 가수라는 직업을 상상해 보니 어떠셨어요?

Ⓢ 저는 평소에 노래 부르는 것을 좋아하고 무대 앞에 서는 것이 꿈이었는데요, 가수가 되면 체력이 강해야 할 것 같아요. 그리고 사람들의 입방아에 오르지 않도록 행동도 조심해야 할 것 같고요. 특히 연애도 마음대로 못할 것 같아서 자유가 없을 것 같습니다.

Ⓣ 하루 가수가 되어 보면서 어떤 부분이 가장 기억에 남나요?

Ⓢ 새벽에 일어나서 몇 시간씩 연습을 했던 부분입니다. 화려함 뒤에 치열함이 있다는 것이 새롭게 다가옵니다.

Ⓣ 본인이 하고 싶은 직업인의 하루 일과를 경험해 보니 어떤 것 같아요?

Ⓢ 저는 자유가 중요해요. 노래 부르는 것을 좋아하는 것도 언제 어디서든 마음대로 부를 수 있어서입니다. 제 마음에 안 드는 부분은 안정성이 없다는 거였어요. 사고라도 나면 수입에 큰 지장이 있을 것 같아요. 노래하는 것을 좋아하기는 하지만 이런 스트레스를 받으면서 굳이 직업으로 하는 것은 다시 생각해 봐야 할 것 같아요.

교실에서 바로 쓰기

STEP❶ 과정에 대해 점검하기

자기소개서를 쓰려고 할 때, 자신의 일이지만 생각이 나지 않을 때가 많습니다. 이때, 한 학기 동안 나의 베스트 사건, 베스트 갈등과 베스트 극복 등 필요에 따른 제목을 주어 그림을 보며 떠올리게 할 수 있습니다. 고등학교에 입학하는 친구들에게는 '고등학교에서 생길 수 있는 일' 같은 주제를 주어 미리 생각해 보는 시간을 갖게 할 수 있습니다.

STEP❷ 상대방을 진심으로 이해하기

일상생활에서 서로를 이해하지 못해 오해가 생기는 경우가 많습니다. 이럴 때 상대방의 하루 일과나 그 사람이 어떤 생활을 하고 있을까를 생각해 보도록 하여 공감하고 이해하는 활동으로 연결할 수 있습니다.

예 엄마의 하루 일과, 상품을 사용하는 고객의 하루 일과 등

STEP❸ 전문 직업인과 직접 만나 보기

관심이 있는 직업이나 희망하는 직업인을 만나 현실적인 이야기를 듣고 난 후에 정리할 수 있습니다. 직업 탐색 등에 활용할 수 있습니다.

❶ 학생이 쓴 〈사육사의 하루 일과〉

사육사 아저씨는 동물을 돌보고 그들의 배설물도 정리해요. 밥을 짓고 먹이를 사기 위해 모바일 쇼핑을 하고, 직접 가서 좋은 것인지 안 좋은 것인지 확인도 합니다. 동물원을 다니면서 밥을 나눠 주고 동물들이 아픈지 살펴보고 그들이 좋아하는 것과 싫어하는 것에 대해 연구하고, 건강 상태도 체크합니다.

❷ 사육사가 쓴 〈사육사의 하루 일과〉

새벽에 출근해서 동물들의 상태를 둘러본다. 배설물을 치우고, 사료를 준비한다. 어젯밤에 해 놓은 밥을 준다. 그리고 장난감을 만들거나 '먹이 풍부화', '행동 풍부화'를 위한 도구를 만든다(쉽게 먹을 수 있는 먹이를 일부러 움직임을 가진 후 먹도록 통을 만드는 것 등). 잠시 시간이 나면 사료학, 행동학, 보건수의간호학, 엔터테인먼트 등을 공부한다.

고객이 찾아오면 동물에 대해 설명해 준다. 내 설명에 사람들이 즐거워한다. 저녁이 되면 동물들을 내실로 넣고, 외실을 정리한다. 사료를 준비하고 조리실도 청소한다. 잠금 장치가 잘 되어 있는지 확인하고(문단속) 밤이 되어 퇴근한다.

▲ 주렁주렁(주) 권건우 사육사

'직업인의 하루 일과' 한 걸음 더

❶ 하루 일과를 생각해 볼 직업을 정할 때 진행자가 어떤 목적을 가지고 있다면 직업을 정해 줄 수도 있습니다. 예를 들어, 학생이 어떤 직업에 환상을 갖고 있다면 그 직업과 연관 직업을 알려 주고 하루 일과를 생각해 보도록 합니다.

❷ 학생의 특성에 따라 이 활동을 어려워할 경우, 《직업 교과서》라는 책을 참고해서 직업인의 하루 일과를 바탕으로 그림을 선택하고 재구성하도록 지도할 수 있습니다.

❸ 오늘날 사회적 가치, 공적 가치를 실현하고자 하는 기업과 사람이 빛을 발하는 경우를 많이 볼 수 있습니다. 가치를 어디에 두고 일을 하느냐에 따라 개인은 물론 사회가 달라질 수 있다는 점을 함께 지도해 주세요.

❹ 학생들이 생각했던 직업인과 직접 만나 하루 일과를 듣고 직업에 대해 이야기를 나눈다면 훨씬 현실감 있고 구체적인 직업 탐색으로 이어질 수 있습니다.

❺ 추상적으로 대답하거나 하루 동안 할 수 없는 일을 대답할 경우, 학생들에게 실제적이고 구체적으로 그려 보도록 코멘트해 줍니다.

예 **경찰관의 하루 일과**

S 경찰관은 아침에 교통정리를 하고, 점심에는 고위 공무원 호위를 합니다. 사무실로 돌아와서 민원을 받아 처리하기도 하고요. 저녁에는 도둑을 잡으러 경찰차를 타고 출동합니다.

T 한 사람에게, 하루 동안 일어난 일에 대해 생각해 보세요. 경찰이라고 해도 여러 가지 직무와 직급이 있습니다. 위의 일은 한 사람이 다 할 수 있는 양이 아닙니다.

Chapter

04 창직하기

- 그림 카드를 보고 떠올린 직업을 2가지 이상 융합하여 새로운 직업을 만들어 보는 활동

활동 대상	초등 고학년 이상	소요 시간	약 50분
영역	일과 직업 세계의 이해	활동 방법	모둠
준비물	이야기톡 카드, 필기구, 스톱워치, 포스트잇, 워크시트		
핵심 역량	창의적 사고 역량, 지식 정보 처리 역량, 공동체 역량		

1 단계 스토리텔링 인문학

어릴 적, 신나게 놀고 집에 돌아와 저녁을 먹고선 숙제도 못하고 잠이 든 적이 많았습니다. 다음 날 학교에 가면 당연히 혼났지요. 그럴 때마다 '숙제 로봇'을 생각했어요. 어른이 되면 꼭 '숙제 로봇'을 만들어 어린이들을 숙제에서 해방되게 하리라는 원대한 꿈을 꾸기도 했어요. 단순히 할 일을 대신해 주는 것이 있다면 좋겠다고 생각했거든요.

오늘날 어릴 적 상상들이 현실이 되고 있어요. 청소를 대신해 주는 로봇, 자율주행차 등 몸을 움직이지 않아도 되는 사회가 되었지요. 심지어 사람의 감정을 읽고 응대하는 로봇까지 등장했잖아요. 정말 편리

하고 좋아지는 것 같아요. 그런데 더 이상 인간이 설 곳이 없다는 우려의 목소리가 나오기도 합니다. 왜냐하면 로봇은 단지 인간의 일을 대신 해 주는 것뿐만 아니라, 인공 지능을 갖게 되었고 소설 쓰기 등 창작 영역까지 수행하고 있기 때문이지요.

그렇다면 우리 아이들이 중심이 될 미래 사회는 어떨까요? 누구도 확언할 수 없지만 인간만이 할 수 있는 일을 만들어 해야 한다고 합니다. 새로운 사회의 요구에 따라 창직을 해야 하는 것이죠. 인간만이 지닌 창의력과 상상력을 바탕으로 만들어야 하지요. 그래서 함께 상상력을 발휘해 보는 활동이 필요하답니다. 생활 속에서 필요한 직업을 상상하여 만들어 보는 활동을 해 볼까요?

❶ 사회의 변화에 유연하게 대처하고 사회적 가치를 창출하는 창직, 우리 주변에서 할 수 있어요

창직이란 '사회 변화에 따라 기존의 직업이 아닌 새로운 형태의 직업을 만들어 노동 시장에 진입하는 활동으로 자신의 창조적인 아이디어와 경험을 통해 새로운 부가 가치를 창출해 내는 과정이다.'라고 《신직업 창직 네트워크 2016》에서 정의하고 있습니다. 쉽게 말해, 새로운 직업을 만들어 내는 것이라고 할 수 있지요. 그것을 통해 일자리를 창출하고 개척해 나가며, 사회적 가치를 창출할 수 있다는 데 그 중요성이 있다고 할 수 있습니다.

진로 개발을 생각할 때, 기존에는 취업을 목표로 생각하는 경향이 많았지만, 오늘날 과학 기술의 발달과 사회의 변화로 새로운 분야의 창직을 요구하고 있고, 또 세태가 자연스레 그렇게 흐르고 있습니다.

한국직업능력개발원에서 제공하는 창직 분야의 창의적 커리어패스 사례집을 통해, 새로운 분야의 부가 가치를 만들어 내며 상생의 사회를 만들어 살 만한 세상을 만들어 가고 있는 창직의 선두주자들을 만나 볼 수 있답니다. 이처럼 창직은 우리 삶과 동떨어진 것이 아닌 우리 삶의 불편에서부터 찾을 수 있다는 것, 바로 주변에 대한 관찰에서 시작할 수 있음을 기억하세요!

❷ '네이밍'을 통해 직업에 대한 인식을 새롭게 해요

'창직하기' 활동에서 어떤 새로운 일을 할 것인가를 찾아내는 것은 정말 중요합니다. 그리고 그에 못지않게 그 일을 하는 사람에 대해 이름 지어 주는 '네이밍' 또한 중요하지요. '네이밍'이란 '작명' 또는 '이름 짓기'인데, 회사의 상호, 기업의 혁신적인 슬로건, 인터넷 쇼핑몰의 도메인 주소 등 다양한 '이름 짓기'를 모두 포함합니다. '네이밍'은 회사 이름, 영화 제목 등 관련한 스토리를 함축해 보여 주기 때문에 스토리텔링의 꽃으로 불리기도 합니다.

수업 Point

마찬가지로 '창직하기'에서 이것이 무슨 일을 하는 것인가를 생각하면서 함축적으로 이름을 만들다 보면 창의적인 표현력이 생기고 직업에 대한 인식이 긍정적으로 변할 수 있습니다. 영화 제작자들도 제목을 지을 때 스토리를 함축하여 대중에게 전달하고자 많은 고민을 합니다. 대중들이 제목만 들어도 영화에 대한 호기심이 생기고 흥미가 생겨서 영화를 볼 수 있도록 해야 하기 때문입니다. '창직하기'에서도 하는 일을 함축적으로 표현한다면 그 직업을 필요로 하는 사람들에게 쉽게 기억될 것입니다. 예를 들어 '모래를 가지고 그림을 그리며 이야기를 전달하는 사람'이라는 직업이 있다면 어떨까요? 직업을 소개하기도 어렵고 이름이라고 하기에 너무 깁니다. 또 설명하는 말이라서 호기심이 생기기 어렵고 기억하기도 어렵습니다. '샌드 아티스트'라고 하면, 무슨 일을 하는지 알려 줄 수도 있고 직업인으로 소개하기도 간단합니다. 그리고 제일 중요한 것은 기억이 잘된다는 점에 있습니다.

또 '네이밍'을 중심으로 비슷한 일이 모아지고 재정립되는 효과가 생겨서 새로운 분야가 생기기도 합니다. 예를 들어 '헤어 아티스트'는 단순히 머리를 만지는 일만이 아닌, 머리에 어울리는 메이크업과 손톱과 발톱의 매니큐어 색까지 제안하는 아티스트의 역할을 합니다. 그만큼 할 일이 많아지고 전문적이 되고 있지요. 세분화와 재정립의 과정을 거쳐 '메이크업 아티스트(makeup artist)', '네일 아티스트(nail artist)는 물론이고 '패디큐어 아티스트(pedicure artist)까지 생겨났습니다.

즉, 창직하기의 네이밍을 통해 직업이 재정립되고 또 다른 직업까지 생기는 창직의 선순환 현상이 나타나는 것이죠.

❹ 창직하기를 통해 사고의 유연성을 키울 수 있어요

창직은 사회의 변화에 따른 자연스러운 현상입니다. 환경이 바뀌면서 그에 따른 법과 제도가 바뀌고 여러 환경이 바뀌니 그에 따라 자연히 새로운 것들이 만들어지고 소멸되기도 하는데, 그중 하나가 직업입니다. 그런데 직업이 새로 생길 때는 우리 생활 속 필요성을 분석해야 한답니다. 생활의 필요성을 찾아내기 위해서 다음 3가지 원리를 활용한다면 우리의 사고력을 최대로 끌어낼 수 있답니다.

첫째는 발견하기입니다. 우리가 미처 생각하지 못한 것을 발견하여 새로운 직업을 만들어 내는 것으로 기존에 없던 아이템이나 산업 분야가 새로 생겨날 수 있어요. 예를 들어, 정리 컨설턴트, 샌드 아티스트, 3D 프린터 모델러 등을 들 수 있어요.

둘째는 융합하기입니다. 융합은 오늘날 다양한 분야에서 중시되고 있고, 새로운 것을 만들어 내는 핵심입니다. 창직에서도 마찬가지입니다. 두 가지 이상의 기존 직업을 합쳐서 만들 수 있지요. 예를 들어 '공부 환경 조성 전문가'는 인테리어 전문가, 조명 전문가, 색상 전문가, 공부 습관 컨설턴트, 심리분석가, 정리 컨설턴트 등의 직업이 융합하여 만들어진 창직의 예라고 할 수 있습니다.

셋째는 세분화입니다. 세분화는 어떤 기준을 잡아 여러 형태로 구분하는 것을 말합니다. 예를 들어, 신발의 종류에는 구두, 운동화, 등산화, 런닝화 등이 있습니다. 이러한 것을 세분화라고 합니다. 창직에 있어서 세분화는

수업 Point

직업의 특징이나 기능을 구체적으로 분류하여 더욱 전문적으로 만들어 내는 것을 말합니다. 예를 들어 기존 경찰이 하는 일을 세분화하여 산업 보완 관리사, 프로파일러 등의 전문 직업이 생겨났지요.

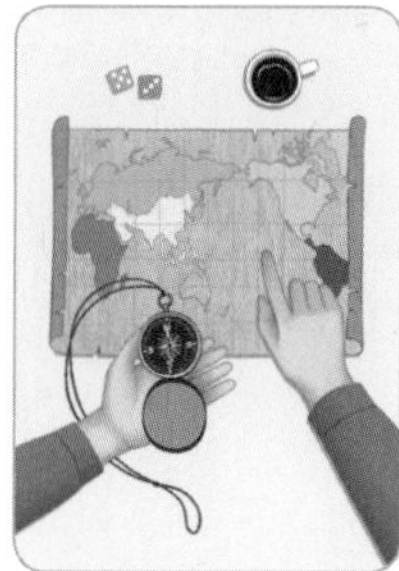

▲ 직업을 상징하는 다양한 카드로 '창직하기'를 할 수 있어요.

진로 스토리텔링 수업하기

수업 순서

1 2장의 그림 카드를 살펴본다.
2 직업 떠올리기를 할 때처럼 각각 카드에서 떠올릴 수 있는 직업을 생각한다.
3 각 카드에서 떠올린 직업 중 2개의 직업을 합하여 만들 수 있는 새로운 직업을 생각한다.(융합하여 새로운 직업 만들기)
4 새로운 직업의 이름을 정하고 어떤 일을 하는지 정한다.
5 모둠별로 창직한 직업 중 1가지를 정하여 '직원 모집 광고'를 협의하여 만든다.
6 모둠별로 창직한 직업과 '직원 모집 광고'를 발표하고 여백의 벽에 붙인다.
7 각자 인상적인 '직원 모집 광고'에 스티커를 붙인다.
8 왜 그 광고에 스티커를 붙였는지 의견을 나눈다.

수업 흐름 잡기

Ⓣ 여러분은 '직업 떠올리기' 활동으로 2장의 그림 카드에서 직업을 떠올려 보았습니다. 2장의 그림 카드에서 떠올린 직업을 보니 어때요? 비슷한 직업이 있나요? 전혀 다른가요? 상관없어요. 각각의 카드에서 떠올린 직업을 보고 A직업과 B직업이 합쳐서 어떤 새로운 일을 할 수 있을까 생각하는 거예요.

Ⓣ 예를 들어 첫 번째 카드에서 떠올린 '여행 작가'와 두 번째 카드에서 떠올린 '요리사'라는 직업을 합쳐서 '캠핑 출장 요리 전문가'라는 새로운 직업을 만들었어요.

Ⓣ 이렇게 떠올린 직업을 합쳐서 새로운 직업을 만들 수도 있고, 세분화하여서 창직을 하는 방법도 있어요. 하지만 이 시간에는 융합하여 창직하는 활동만 해 보기로 해요. 지금부터는 여러분들의 상상력을 발휘하여 새로운 직업을 탄생시켜 볼 거예요.

Ⓣ 새로운 직업을 탄생시킬 때, 많은 직업을 만들어 내는 것도 중요하지만, 여러분에게 필요한 직업을 만들어 내는 것이 더욱 중요하답니다. 앞으로 이런 직업이 있으면 좋겠다는 바람을 가지고 만들어 보겠습니다. 지금부터 모둠별로 협의하는데, 간단하게 어떤 일을 한다고 활동지에 정리해 주면 좋겠어요. 시간은 5분 줄게요.

(모둠별로 활동한다.)

현실적인 직업이 아니더라도 상상할 수 있는 모든 직업을 상상하도록 해 주세요. 대학생 이상은 현실성에 바탕을 두고 진행하면 더 효과적입니다.

5분 경과 후

Ⓣ 새로운 직업을 만들었나요? 몇 개나 만들었나요? 한 가지 이상은 만들 수 있었죠? 좋아요. 그렇다면 우리 모둠에서 생각하기에 최고로 기발한 직업이라고 생각하는 직업을 모둠별로 선택해 주세요. 그리고 그 직업이 하는 일을 모두 정리해 주세요. 그 후에 그 일을 하기 위해 필요한 능력이나 조건 등을 의논하여 정리해 주세요. 시간은 8분 줄게요.

자신이 원하는 직업에 필요한 능력이나 조건을 아는 기회가 됩니다. 생활 속에서 실천할 수 있는 것은 무엇일까 생각하는 기회로 삼도록 도와주세요.

(모둠별로 과제에 대해 협의 및 정리.)

소수일 경우는 개인별 활동으로 해도 좋습니다.

Ⓣ 어느 정도 의견이 모아졌다면 각 모둠에서 4절지와 매직을 가져가 주세요. 지금까지 여러분이 의논하여 정한 그 직업에 적합한 사람을 뽑는 '직원 모집 광고'를 제작할 거예요. 활동지에 정리한 내용을 바탕으로 4절지에 적절한 이미지를 함께 표현하여 직원 모집 광고를 만들어 보겠습니다. 여러분이 그 회사의 관리자라고 생각하고 꼭 필요한 인재를 모집해 보세요.

T 그 회사에 꼭 들어가고 싶도록 '직원 모집 포스터'를 모둠별로 만들어 보세요. 그림을 그려도 좋고, 글씨를 써도 좋습니다. 연봉이 얼마인지, 어떤 능력이 필요한지, 회사에서는 어떤 대우를 할 것인지에 대한 구체적인 광고를 하는 것이 좋겠지요. 정리된 내용을 바탕으로 창의적으로 직원 모집 광고를 해 주세요.

직원 모집 광고를 통해 어떻게 하면 새로운 일에 적합한 사람을 채용할 수 있을까에 초점을 두고 홍보물을 구성할 수 있도록 해 주세요.

T 마무리 된 직원 모집 광고를 교실 여백에 붙여 홍보하겠습니다. 한 학생이 우리 모둠의 직원 모집 광고를 붙이겠습니다. 칠판이나 교실 벽, 창문, 어떤 곳이어도 되니 지금부터 움직여 주세요. 그리고 자리 정돈하고 앉겠습니다.

T 이제 발표를 해 보겠습니다. 모둠별로 모둠 구성원 모두가 함께 발표하겠습니다. 구성원 모두가 어떻게 역할을 나누어 발표할 것인지 1분 동안 의논해 주세요.

1분 경과 후

T 그럼 어느 모둠부터 발표를 할까요?(먼저 하겠다고 하지 않을 경우 다

양한 방법으로 순서 정함.) 첫 번째 모둠부터 발표해 주세요. 발표할 때는 무엇을 발표해야 할까요?(학생의 의견을 들은 후.) ① 모둠에서 창직한 직업의 이름과 하는 일, ② 우리 모둠에서 선택한 최고의 직업에 대한 내용으로 실제 사람을 구하듯이 구인 광고를 하면 좋겠어요. 여러분들은 발표를 들으면서 마음에 와 닿거나 기발하다고 생각하는 직업을 뽑아 주시면 된답니다.

(모둠별 발표.)

Ⓣ 발표를 들으면서 여러분이 생각하는 기발한 직업에 대해 마음의 결정을 했나요? 좋아요. 각자에게 스티커를 2개씩 줄게요. 지금부터 인상적이고 기발한 직업의 직원 모집 광고에 가서 스티커를 붙여 주세요.

(스티커 붙이기 활동 후.)

Ⓣ 결과를 한번 볼까요? 이렇게 되었군요. 그렇다면 여러분들이 이 직업에 대해 스티커를 붙인 이유를 들어 보도록 하죠. 어떤 점이 기발하다고 생각하고 인상적이었는지 자유롭게 말해 주세요.

(서로 의견을 나누고 의미 부여하며 마무리.)

예시 **융합의 방법으로 창직하기**

〈출처: 진로 스토리텔링 전문가 과정〉

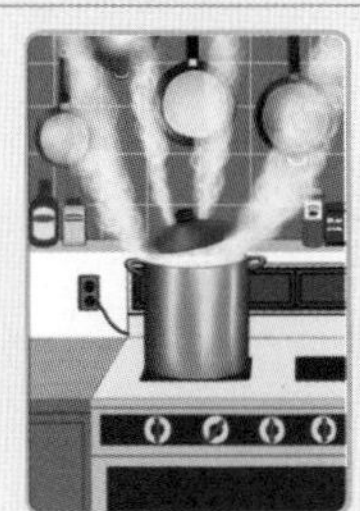

분노조절사/요리사/
냄비 회사 사장/냄비 디자이너/
보험 설계사/AS 기사 …

＋

사진작가/여행 디자이너/교수/
가사 도우미/책가방 디자이너/
캠핑장 관리인/조경업자 …

＝

1모둠 오토 캠핑 플래너(캠핑장 관리인+보험 설계사)

2모둠 힐링 여행 전문가(분노조절사+여행 디자이너)/위기 능력 관리사(AS 기사+자살 방지 전화원)/분노조절상담사(분노조절사+아동복지사)/음식치료사(요리사+분노조절사)

예시 **창직한 직업의 직원 모집 포스터**

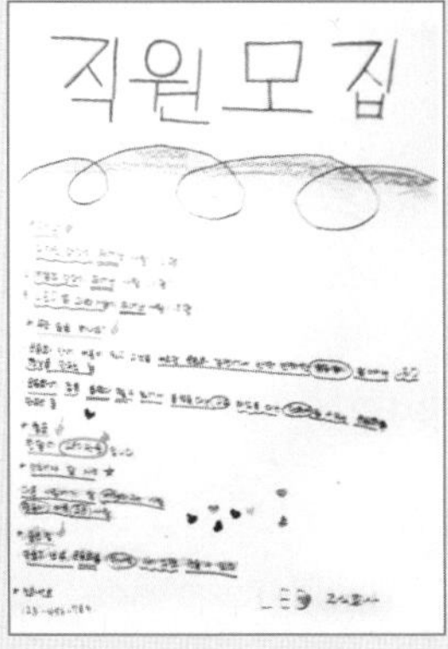

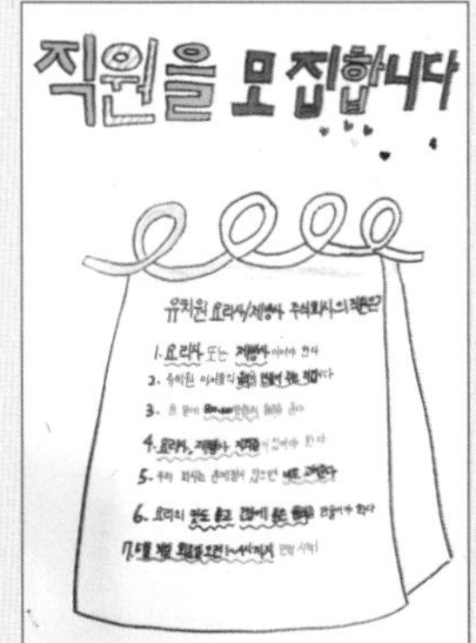

3단계 교실에서 바로 쓰기

'창직하기' 활동지

1. 모둠별 창직 직업 정리

새로운 직업 이름	하는 일

2. 최고의 직업 선택하기

위의 직업 중 우리 모둠에서 만든 최고의 직업을 선택한다.

우리 모둠이 선택한 최고의 직업 이름	
그 직업이 하는 일	
필요한 능력과 자질	
준비 방법	
연봉 및 복지 혜택	
기타 조건	

STEP❶ 신생 직업 사전 만들기

직업 정의하기 활동을 이용하여 창직한 직업에 대해 대상, 목적, 하는 일을 넣어 새롭게 정의하고, 모둠별로 정의한 내용을 모아 학급별 직업 사전으로 만듭니다.

STEP❷ 직업 카드 만들기

직업 이름과 이미지, 하는 일, 필요 능력, 장점과 단점, 연봉 등 직업과 관련한 내용을 창의적으로 정리하여 카드 형식으로 만드는 것입니다. 모둠에서 제안한 직업 중에 각자 1개씩 선택하도록 하면 다양한 직업 카드를 만들 수 있어요.

예시 창직의 직업 카드

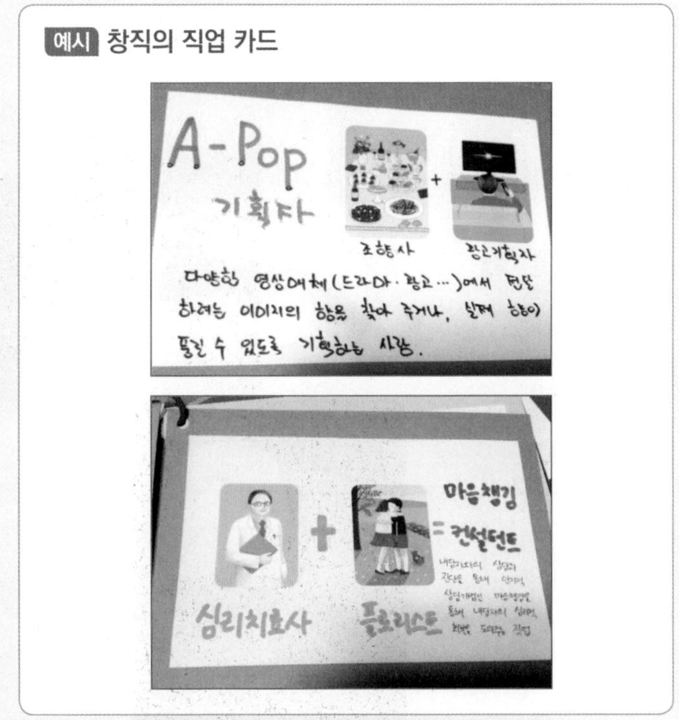

STEP③ 창직 회사 만들기

모둠에서 창직한 직업으로 회사를 만들어 보는 활동입니다. 회사의 이름을 정하고, 회사가 추구하는 가치, 회사 로고와 조직을 만들어 보는 활동입니다.

STEP④ '미래 순간 포착' 등으로 확장하기

새로 창직한 직업으로 '미래 순간 포착(160쪽)'이나 '미래 다섯 조각 이야기(170쪽)'를 진행할 수 있답니다. 그러면 새로운 직업에 대해 더욱 구체적으로 정의하고 인식할 수 있어요.

창업과 창직 그리고 개인 브랜드

구분	개념	예시 직업
창업	사업을 처음으로 시작하여 기초를 세우는 것	치킨 체인점, 음식점, IT 회사 등
창직	창조적인 아이디어와 경험을 통해 새로운 부가 가치를 창출해 내는 것 (새로운 직업을 만들어 일자리를 많이 만들어 내는 것)	정리 컨설턴트, 공부 환경 조성 전문가 등
개인 브랜드	개인의 강점을 기반으로 특화된 일을 하는 1인 기업이나 1인 경영	아나테이너, 소통테이너

참고 자료 창직의 조건

❶ **경제성** 합법적으로 경제적 활동을 할 수 있어야 합니다. 즉, 잠재적인 시장 수요가 충분하거나 향후 시장성이 있는가를 보아야 합니다.

❷ **지속성** 자신의 자발적인 의지로 계속해서 일할 수 있어야 합니다.

❸ **윤리성** 법과 제도적으로 제한이 따르지 않아야 실현 가능성이 큽니다.

❹ **참신성** 새롭거나 기존 직업과 차별되는 직업이어야 합니다.

❺ **전문성** 지속 가능성을 확보하기 위해 어느 정도의 전문성이 수반되어야 합니다.

참고: 한국고용정보원, 〈청년층 창직 가이드 – 우리들의 직업 만들기〉

PART

04

나의 미래는 어떤 색깔일까?

Chapter 01

미래 순간 포착

미래의 한순간을 상상하여, 사진 찍듯이 그림을 그리고 나서 그 상황에 대해 인터뷰하며 진로에 대해 구체화하는 활동

활동 대상	초등 저학년 이상	소요 시간	약 50분
영역	자아 이해와 사회적 역량 개발	활동 방법	개별 활동
준비물	종이, 색연필 등 채색 도구		
핵심 역량	자기 관리 역량(자기 이해, 자아성찰), 심미적 감성 역량(자신의 의사 가치 표현) 의사소통 역량(생각과 감정 표현)		

1단계 스토리텔링 인문학

15년 후 우리는 무엇을 하고 있을까요? 꿈에 대해 이야기할 때 우리는 주로 되고 싶고, 갖고 싶고, 하고 싶은 것을 말하는 경향이 있습니다. 그런데 미래 모습의 한순간에 대해 구체적으로 그림 그리듯 그려보고 이야기하다 보면, 어느새 미래 사회가 아닌 현실에서 자신이 원하는 것이 무엇인가를 구체화하여 이야기하는 자신을 발견하게 됩니다. 미래의 감정까지도 말입니다. 바로 미래의 나와 현재의 내가 소통하는 것이죠. 그랬을 때, 현재의 자신에게 어떤 영향을 줄까요?

수업 Point

❶ 원하는 것을 구체적으로 표현하는 것은 꿈을 이루기 위한 간절함을 일깨워 스스로를 주체적이게 합니다

원하는 모습을 그림으로 직접 그려 보거나 가상 사진을 찍어 수시로 볼 때, 우리 뇌는 그것에 반응하고 그 모습이 되도록 노력한다고 합니다. 또한 그 모습에 대해 자꾸 말을 하면 우리 몸은 신기하게도 알고 반응합니다. 특히 구체화된 나의 미래에 대해 감각적인 부분까지 경험해 보면 실제 경험에서 오는 간절함이 생깁니다. 그 간절함으로 미래를 위한 각오를 다질 수 있고요. 물론 그 각오는 실천을 위한 디딤돌이 되겠지요. 자신이 해야 하는 의미를 발견했으니까요.

❷ 질문은 관심이고, 자신을 성찰하게 합니다

현 교육계의 핵심 키워드 중 하나는 '질문'입니다. 질문이 있을 때 바로 배움으로 연결될 수 있지요. 과거 소크라테스의 산파술을 이야기하지 않더라도 질문의 필요성에 모두 공감할 것입니다. 우리 학생들은 어떨까요? 질문을 잘 안 하지요. 왜 그럴까요? 질문의 필요성을 잘 느끼지 못해서 그런 것은 아닐까요? 질문이란 어려운 것, 어딘가 모자라 보이거나 해서는 안 되는 것으로 생각하기에 그런 것은 아닐까요?

이 활동은 삶에 대해 이야기하며 자연스럽게 질문을 만들고 하도록 합니다. 어느새 질문하는 자신을 발견하고, 스스로 대답합니다. 이때, 마무리 단계에서 질문이란 어려운 것이 아니라, '관심'이란 것을 깨닫도록 안내해 주세요. 그리고 진로를 개발하는 과정에서 끊임없이 자신에게 질문하고 대답해 나가는 과정을 거쳐야 한다는 점을 안내하면 좋겠어요.

진로 스토리텔링 수업하기

수업 순서

1 자신의 꿈이 이루어진 미래의 한순간을 떠올리는 시간을 갖는다.

2 떠올린 모습을 그림으로 그리거나, 글로 적는다.

3 학생 한 명을 대상으로 그린 그림(글)에 대해 구체적으로 인터뷰한다.

4 모둠 안에서 짝을 지어 그림(글)에 대하여 같은 방식으로 번갈아 인터뷰한다.

5 인터뷰 후 느낌에 대해 공유한다.

수업 흐름 잡기

T 잘 그려지나요? 잘 안 된다고요? 그럼 함께 상상해 보도록 해요. 먼저 날짜는 오늘로 정합니다. ○○○○년 ○○월 ○○일, 지금 있는 곳은 어디인지, 누구랑 함께 있는지, 왜 거기에 있는지 등을 생각하면서 한 장면을 떠올려 보도록 해요. 구체적 상황이 제시된다면 더욱 좋겠어요. 그리고 그 모습을 그림으로 그려 볼게요. 그림으로 잘 안 되는 경우는 상상한 그 내용들을 글로 표현해도 된답니다. 그림으로 잘 표현하지 못하는 부분만 글로 보충해도 되고요.

(노트나 백지에 그림을 그리거나 글을 적는다.)

Ⓣ 다 하셨나요? 자, 그럼 여러분들 중 한 명과 미래의 그 날짜로 가서 인터뷰를 한번 해 보도록 하겠습니다. 인터뷰를 하는 동안 우리는 미래 그 시점에 함께 있다는 가정 하에 대화할 거예요. 예를 들어 "지금 기분은 어떠세요?"라고 질문하면 "너무 기뻐요."와 같이 현재형으로 대답하는 거예요. "기쁠 것 같아요."라는 짐작이나 추측형 대답이 되지 않도록 해 주세요.

(희망 학생을 선정하고 인터뷰 준비.)

Ⓣ 우선 지금 그린 그림이 어떤 그림인지 설명해 주세요.

(그림 설명.)

Ⓣ (그림에 대한 느낌을 말하며.) 그럼 지금부터 미래의 그때로 가서 인터뷰를 시작하겠습니다.

(다음 예시처럼 한 명의 학생과 인터뷰 함.)

인터뷰 예시 **○○○○년 ○○월 ○○일, 패션 콘테스트에 출품하여 입상하는 장면의 그림**

Ⓣ 지금 기분은 어떠세요?

Ⓢ 경험 삼아 나간 건데 입상까지 할 줄 몰랐습니다. 무척 기쁩니다.

Ⓣ 얼마 동안 준비하신 거죠?

Ⓢ 이 대회에 나가기 위해 1년 정도 준비했습니다.

Ⓣ 지금 입고 계신 의상이 참 멋지네요. 간단히 소개해 줄 수 있나요?

Ⓢ 이 옷은 제가 만든 옷인데요, 제가 빨간색을 좋아하고 드레이프 느낌을 참 좋아해서 그 느낌을 살려 만들어 보았어요. 멋지다고 해 주시니 정말 고맙습니다.

Ⓣ 이 콘테스트에 참여하게 된 계기가 있었나요?

Ⓢ 저는 지금 26살인데, 외국에서 패션 디자인을 공부해 보고 싶어서 그동안 유학을 준비했어요. 그러던 중 국제 대회에 나가 보는 것도 좋겠다 싶어 친구와 함께 준비하게 되었습니다.

Ⓣ 아, 친구랑 같이 준비했군요? 어떤 친구인지 질문해도 될까요?

Ⓢ 같은 과를 전공한 친구인데요, 팀 프로젝트를 하며 서로 부족한 점을 보완해 주며 작품 활동을 함께 했던 친구입니다. 서로에게 의지하며 정말 열심히 했죠.

Ⓣ 그렇군요. 그럼 그 친구는 어떻게 되었나요?

Ⓢ 그 친구도 같이 입상하였답니다.

Ⓣ 참 다행이네요. 친구 분께도 축하 말씀 드리고요. 많은 분들이 꽃다

발을 주셨는데, 주시면서 특별히 한 말이 있나요?

Ⓢ 축하한다는 말이 가장 많았고요. 안정된 일을 좇기보다 좋아하는 일에 도전하는 모습이 부럽다고 했습니다. 그런 모습이 정말 보기 좋고 앞으로도 잘될 거라고 격려해 주었답니다.

Ⓣ 혹시 앞으로의 계획이 있나요? 각오도 한 말씀 부탁합니다.

Ⓢ 저는 이 입상을 계기로 프랑스 유학에 한 발 더 다가갔다고 생각합니다. 이 콘테스트 결과 프랑스의 OOO회사 디자인 팀의 인턴 기회가 주어집니다. 인턴을 하면서 꾸준히 제 실력도 키워 나가고, 많이 배워서 한국에 돌아와 저만의 브랜드를 만들어 보고 싶습니다.

Ⓣ 네. 가슴 뛰는 열정과 에너지가 저에게까지 전해집니다. 오늘 입상 다시 한 번 더 축하드려요!
인터뷰는 여기에서 마무리하겠습니다.

Ⓣ 인터뷰하면서 어떠셨나요?

Ⓢ 성취감이 느껴지고, 대회에 꼭 나가야겠다는 마음이 들었어요. 그리고 도움을 요청해야 할 사람, 그리고 무엇을 준비해야 할 것인가에 대해서도 더 명확해지는 것 같아요.

교실에서 바로 쓰기

STEP❶ '미래 순간 포착'에서 그려진 그림이나 글을 바탕으로 '미래 다섯 조각 이야기', 'IF 진로 장벽', '미래 일기 쓰기' 등으로 연결할 수 있습니다.

STEP❷ '미래 순간 포착'의 그림 그리기를 그림 카드 고르기로 대신할 수 있습니다.

STEP❸ 로드맵 그리기

미래 모습을 그리며 그 모습을 이루기 위해 지금부터 무엇을 할 수 있을지 계획을 세워 시기별(단기, 중기, 장기) 목표를 세우도록 진행할 수 있습니다. 당장 계획을 세우기보다 인터뷰 상황부터 차츰 내려오며 현재 자신이 해야 할 바를 찾도록 지도합니다.

그 후 장기 목표로 꼭 이루고자 하는 꿈과 그것을 해야만 하는 이유를 정리하여, 꿈을 이루고 나서 더 큰 꿈을 꿀 수 있음을 같이 지도해 주세요.

로드맵 그리기 예시

나이	나의 목표
10년 후 (26세)	패션 콘테스트에 참가하여 입상
5년 후 (21세)	대학교 의상디자인학과 2학년, 동대문에서 원단 관련 아르바이트
3년 후 (19세)	의상디자인 전공을 위한 입시 준비(학원과 개인 연습)
1년 후 (17세)	예술고등학교 미술과 입학, 2학년 때 디자인학과 계열 선택
6개월 후 (16세 9월)	예술고등학교 입시를 위한 준비(미술 공부 및 학교 탐색 등)
1개월 후 (16세 4월)	내신 성적을 위한 학교 공부 철저, 미술 관련 독서 및 실기 연습
오늘 할 수 있는 일	미술관 둘러보기, 패션 잡지 보기, 아이쇼핑하기
입상 후 이루고 싶은 것	자신의 이름으로 브랜드 제품 출시
	그 이유는? 많은 사람들이 내가 만든 옷을 입는다는 것은 상상만 해도 즐거운 일이다. 그렇게 즐거운 일을 통해 프랑스와 이탈리아에 뒤지지 않는 우리의 멋을 알리고 K- 패션 열풍을 일으키고 싶다.

인터뷰 노하우

❶ 미래의 한 시점을 그려 볼 수 있도록 시각, 청각, 감정을 자극할 수 있는 질문을 하도록 지도합니다. 예를 들면 다음과 같습니다.

시각	Q	• 무엇이 보이나요? • (　　)학생은 무슨 옷을 입고 있나요? (대답을 좀 더 구체적으로 할 수 있도록 유도.)
	A	• 지금 저는 한 사무실에 와 있는데 창문이 매우 커서 밖이 내다보입니다. • 제가 어제 신문에 나왔습니다. 오늘은 방송국에 인터뷰를 하러 가요. • 저는 편하게 평상복 차림으로 이곳에 왔어요.
청각	Q	• 주변에서 들리는 소리가 있나요? • 다른 사람들은 (　　)학생에게 무엇이라고 하나요? • (　　)학생은 어떤 말을 하고 있나요?
	A	• 결국 해냈구나. • 새로운 것을 만들어 내셨네요. • 저는 선생님을 찾아가 감사하다고 말했어요.
감정	Q	• 그것을 보는 (　　)학생의 느낌은 어떤가요? • 지금 이 순간 하고 싶은 것이 있나요?
	A	• 정말 설렙니다. 가슴이 벅차오릅니다. • 신문과 방송에 나온 부분을 SNS에 올려 자랑하고 싶어요.

❷ 인원이 많은 경우, 모둠별로 돌아보며 잘 되지 않는 친구들에게 질문을 던져 원활히 진행될 수 있도록 도움을 줍니다. 또, 한 학생에 대해 모둠 구성원 모두가 기자가 되어 질문하는 방식으로 운영할 수 있답니다.

❸ 이 활동은 자신의 꿈(직업이나 삶의 모습)이 있는 학생들에게 적합한 활동입니다. 꿈이 없다고 하는 경우에는, 희망 직업이 아닌 생활 속에서 바라는 모습도 가능하다고 안내해 주세요. 그런 과정을 통해 살고 싶은 방향을 구체화할 수 있을 테니까요.

Chapter 02

미래 다섯 조각 이야기

나의 인생 이야기를 어떻게 만들어 갈까 생각해 보며 미래를 준비하는 활동

활동 대상	초등 중학년 이상	소요 시간	약 50분
영역	진로 디자인과 준비	활동 방법	개별 활동
준비물	스토리판, 이야기톡 카드, 필기도구		
핵심 역량	자기 관리 역량, 지식 정보 처리 역량, 심미적 감성 역량		

스토리텔링 인문학

세계적인 건축가 가우디가 설계한 스페인의 구엘 공원은 형형색색의 모자이크 타일 장식으로 유명합니다. 그런데 그 많은 모자이크 타일 장식들 중에 똑같은 모양은 하나도 없다고 하는군요. 온전한 타일뿐 아니라 깨진 타일 조각들도 그에겐 귀중한 재료였다고 합니다. 조각조각들이 모여서 전혀 다른 새로운 덩어리를 만들고 시간과 공간을 넘어서 의미를 전달한다는 것에 짜릿한 전율을 느낍니다. 어쩌면 '빨리 달리기 경주'가 아닌 '이어 달리기 경주'인 우리의 인생 이야기와 닮지

않았나요? '미래 다섯 조각 이야기'는 나의 인생 이야기를 어떻게 만들어 갈까 생각해 보며 나를 재발견하고, 진로 개발을 위해 준비해야 할 바를 찾아보는 활동입니다.

어려운 상황에서도 고급스러운 양복을 입고 비싼 마차를 타고 다녔던 가우디는 오히려 부와 명성을 얻고 난 이후에 검소한 삶을 실천했다고 하는군요. 무엇이 그의 삶을 바뀌게 했을까요?

❶ 미래에 대한 구체적인 자아상이 현재의 삶에 자극이 될 수 있어요

미래 다섯 조각 이야기 활동은 '이야기하다'라는 형식을 통해 타인과의 소통뿐 아니라, 자신과 소통해 보는 활동입니다. 미래를 구체적으로 예상하고 상상해 보는 간접 경험을 통해 자신을 통찰하게 되지요. 이를 통해 현재 삶에 자극을 받아 적극적인 행동으로 이어갈 수 있답니다. 지나간 일은 우리의 의지로 바꿀 수가 없습니다. 하지만 앞으로 내가 어떤 모습으로 어디에 있을지는 바로 지금의 나로부터 시작됩니다.

❷ 살면서 맞닥뜨리는 문제를 자연스럽게 받아들이고 이를 해결하는 능력이 향상됩니다

기쁨, 즐거움, 행복과 관련된 경험만이 우리 삶에 긍정적인 영향을 미칠까요? 우리 인생은 다면체 형태를 띠고 있다고 합니다. 어디에서 보고 있느냐에 따라 빛나기도 하고 어둡기도 하겠지요. 인도의 수도자 인드라 초한은 실패나 질병 등의 역경이 그 어려움을 넘어서 사람의 본질을 성장시킬 수 있을지를 확인하는 시금석이라고 하였습니다. 이 활동을 통해 우리는 문제를 문제로서만 바라보는 게 아니라, 결말로 가기 위해 당면하는 자연스러운 과정으로 인식하게 됩니다. 또한 자신 안에 있는 경험이나 자원들을 재발견하면서 외부가 아닌, 우리 스스로에게 해결 능력이 있다는 것을 발견합니다.

❸ 자기 인생의 주인공은 바로 자신입니다

사람은 누구나 자신만의 문제를 가지고 있습니다. 이 활동은 인생에서 문제가 생겼을 때, 그 문제를 해결하고 삶을 가꾸어 가야 할 주인공은 바로 자신임을 확인하는 활동입니다. '세상'이란 무대 위에서 나만의 이야기를 만들고 보여 주기 위해, 무엇을 어떻게 해야 할 것인가를 선택하는 과정에서 책임과 주체성을 키울 수 있습니다.

2단계 진로 스토리텔링 수업하기

수업 순서

1 '미래 다섯 조각 이야기' 활동지를 나눠 준다.

2 '미래 순간 포착' 활동을 통해 나온 결과물 또는 미래의 한 시점에서 자신의 모습을 상상하여 그림을 선택하여 붙인다.

3 나의 현재 상황을 표현하는 그림을 선택하여 붙인다.

4 미래 나의 모습을 위해, 앞으로 노력하는 방향의 그림을 선택하여 붙인다.

5 삶의 과정에서 예상할 수 있는 문제 상황에 해당하는 그림을 선택하여 붙인다.

6 문제를 해결할 수 있는 방법이나 과정에 해당되는 카드를 찾아 붙인다.

7 각각의 카드에 해당하는 자신의 이야기를 정리하고 발표한다.

수업 흐름 잡기

(준비한 스토리판 나눠 주기.)

Ⓣ 여러분, 여러분이 이 사회의 중심 역할을 할 때는 몇 년 뒤가 될까요? 이 사회에서 중심 역할을 하며 살아간다고 할 때, 어떤 모습으로 살아가고 있을까요?('미래 순간 포착' 활동에서 나온 그림을 붙여도 됨.) 그 모습을 상상하고 그림 카드에서 골라 다섯 번째 칸에 붙여 주세요.

Ⓣ 그림 카드 아래에 간단히 내용을 적어 주세요.

(모둠 앞에 펼쳐진 그림 카드 중에서 선택하여 붙이고 글로 적어 본다.)

Ⓣ 나의 미래 모습을 계획하고 있는데, 현재 나의 상황은 어떠한가요? 지금 나의 모습이나 상황에 해당하는 그림 카드를 선택하여 첫 번째 칸에 붙여 주세요.

Ⓣ 미래는 지금 당신이 하고 있는 일, 현재 습관의 결과라는 말이 있습니다. 여러분이 원하는 결말로 가기 위해 앞으로 노력해야 할 일, 계획하고 있는 일 등을 생각하며 그림 카드를 선택하여 두 번째 칸에 붙여 주세요.

(생생하게 설명할 수 있는 그림 카드를 고른다.)

Ⓣ 목표를 이뤄 가는 과정이 순탄하지만은 않을 겁니다. 자신의 진로를 개척하는 과정에서 예상되는 문제나 나를 가로막을 것 같은 장벽에 해당되는 그림 카드를 골라 볼까요? 선택한 친구들은 세 번째 칸에 붙입니다.

Ⓣ 부끄럽고 힘들었던 지난날들이 즐거운 추억이 될 수 있는 것은, 결국 그 문제들이 해결되었기 때문이겠죠? 나는 그 문제를 어떻게 해결할까 생각하고, 해결 방법이나 해결의 실마리에 해당하는 그림 카드를 선택해 주세요. 네 번째 칸에 붙입니다.

Ⓣ 선택한 그림을 모두 붙였다면 이제 그 그림에 해당하는 자신의 이야기를 구체적으로 적어 주세요. '열심히 할 것이다.' 보다는 '~을 ~만큼 해 볼 것이다.'처럼 내용을 구체적으로 정리합니다.

Ⓣ 드디어 여러분의 미래 이야기가 완성되었어요. 함께 나눠 보는 시간을 가져 볼까요? 발표를 듣고 궁금한 점이 있다면 질문해도 좋습니다. 발표는 나의 미래 모습부터 시작합니다. 그리고 다시 첫 번째 칸(현재 자신의 모습)부터 네 번째 칸까지 차례로 발표합니다.
(발표는 '5단계-1단계-2단계-3단계-4단계'의 순서로 한다.)

Ⓣ 활동하면서 느낀 점을 서로 나눠 볼까요?

(학생들이 자유롭게 생각을 말하고 듣도록 함.)

T 오늘은 목표 설정부터 완성하기까지 전체적인 과정을 살펴보는 시간을 가졌습니다. 앞으로 여러분이 또 어떤 미래 조각들을 만들지 궁금합니다. 삶의 주인공으로서 빛나는 조각들을 만들어 잘 이어가길 바랍니다.

교실에서 바로 쓰기

예시 중학교 3학년 학생의 〈미래 다섯 조각 이야기〉

1단계	2단계	3단계	4단계	5단계
지금 나의 모습(주인공)	앞으로 나의 노력	예상할 수 있는 문제	문제 해결 과정	미래 나의 모습
자아 정체성을 확립하지 못해 우울한 사춘기를 겪고 있다. 끊임없이 내가 누군지 묻고 미래를 고민하고 있다.	심리학과로 진로를 정하고 열심히 심리학 관련 독서를 하며 서울대 심리학과를 가기 위해 열심히 공부한다. 무엇보다 내 삶을 행복하게 하기 위한 생각과 노력을 한다.	슬럼프를 겪어 모든 걸 포기하고 싶은 마음이 들고, 진짜 이 길이 내 삶이 맞는지 방황하고 고민하게 된다.	시간이 약이라는 말처럼 잠시 내 인생에서 휴식 시간을 갖는다. 마음을 회복하고 세상을 넓게 보도록 한다.	정신과 의사가 된 나는 갖은 마음의 병을 담고 온 환자들을 치료해 주고 행복을 되찾아 주며 거기에서 뿌듯함을 얻는다.

워크시트 그림 스티커를 활용합니다.

미래 다섯 조각 이야기

다음 조건을 생각하며 나의 미래 다섯 조각 이야기를 만들어 봅시다.

5단계 미래 자신이 어떤 일을 하고 있거나 어떤 상황의 한 시점을 생각하면서 그림 선택

1단계 지금 나의 모습은 어떠한가에 해당하는 그림 선택

2단계 앞으로 나는 어떤 생활을 해 나갈 것인가에 대한 그림 선택

3단계 과정에서 만나게 되는 문제 상황에 대한 그림 선택

4단계 문제를 해결하는 과정에 대한 그림 선택

단계	그림 스티커	내용 설명
1단계 주인공이 하고 있는 일, 현실 인식		
2단계 미래를 위한 노력, 준비 활동		
3단계 주인공이 하는 일을 방해하는 문제 상황		
4단계 문제를 해결할 수 있는 방법, 자원 찾기		
5단계 목표, 원하는 상황		

변형 및 향후 활동 01 결말(5단계)을 다양하게 설정하기

대상의 연령, 상황에 따라 결말 카드의 목표(주제)를 다르게 설정하여 진행할 수 있습니다. 새 학년 목표, 방학 후 자신의 모습, 졸업 후 모습 등을 주제로 목표를 정하고 목표에 이르는 단계를 만들어 갑니다.

변형 예시 결말(5단계 카드): 새 학년에 내가 되고 싶은 모습

- **1단계 카드** 지난 학년의 나의 모습
- **2단계 카드** 내가 가지고 있었던 어려움 혹은 상황
- **3단계 카드** 원하는 모습이 되기 위해 바꾸거나 시도해야 하는 것들
- **4단계 카드** 구체적으로 실행하는 방법 찾기
- **5단계 카드** 새 학년에 내가 되고 싶은 모습

1단계 카드

겉으로는 즐겁고 맛있고 재미있는데, 무언가 허전하고 갑갑한 느낌.

2단계 카드

희망이 보이고 새로운 것이 있을 것 같아 기대됨.

3단계 카드

생각보다 잘되고, 성공했다는 느낌. 방심하지 말자. 산에서 내려갈 때 떨어질 수 있다.

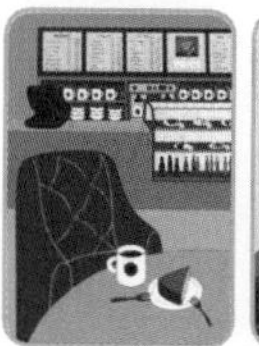

4단계 카드

편안하게 쉬어 가며 열심히 하자. 그리고 다시 사랑하자.

5단계 카드

새로운 목표를 향해 출발!

선생님 읽을 거리 4단계

미래 다섯 조각 이야기와 이야기 창작

	이야기 창작	미래 다섯 조각 이야기
1단계	주인공은 사람, 동물, 사물, 무엇이든 가능	주인공이 하고 있는 일, 현실 인식
2단계	사건의 본격적 전개	미래를 위한 노력, 준비 활동
3단계	인물 사이의 갈등 심화	주인공이 하는 일을 방해하는 문제 상황
4단계	해결 실마리, 주제 부각	문제를 해결할 수 있는 방법, 자원 찾기
5단계	사건 마무리, 이야기의 결말	목표, 원하는 상황

Chapter 03

IF 진로 장벽

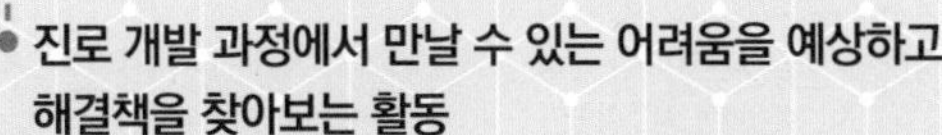
진로 개발 과정에서 만날 수 있는 어려움을 예상하고
해결책을 찾아보는 활동

활동 대상	초등 중학년 이상	소요 시간	약 50분
영역	진로 디자인과 준비	활동 방법	개별 활동, 모둠 활동
준비물	워크시트, 이야기톡 스티커, 스토리 주사위, 색연필 등 채색 도구		
핵심 역량	지식 정보 처리 역량		

스토리텔링 인문학

"당신은 문맹입니다. 그런 당신이 중요한 서류의 최종 책임자라는 죄목으로 법정 가운데 서 있습니다. 무죄임을 밝히려면 당신이 문맹임을 증명하기만 하면 됩니다." 무언가를 증명하기 위해 숨기고 싶은 자신의 비밀을 밝혀야만 하는 상황에서 우리는 어떤 선택을 할까요?

독일 작가 베른하르트 슐링크의 《책 읽어주는 남자》에서 주인공 한나는 자신이 문맹임을 밝히는 것을 거부하고 종신형을 선택합니다. 한때 그녀를 사랑했던 미하엘은 법정에서 이를 안타깝게 지켜봅니다. 그리고 집으로 돌아와 그의 아버지에게 조언을 구합니다. 아버지는 “상대방에게 좋은 것이 무엇인지 알고 있고 그것을 그 사람이 알지 못하는 상황이라면 반드시 상대방이 이 모든 것을 알도록 도와주어야 한다. 하지만 최종 결정은 그 사람이 하도록 해야 한다.”라고 조언합니다. 만약 당신이 한나라면? 당신이 미하엘이라면? 당신은 자신의 무지를 인정하고 밝히는 것보다 신체적 구속을 선택할까요? 사랑하는 누군가의 결정이 이해되지 않더라도 인정할 수 있을까요?

‘IF 진로 장벽’은 우리 인생에 ‘만약 ○○일이 생긴다면’ 어떤 결정을 할지 생각해 보는 게임입니다. 우리는 꿈을 향해 가면서 많은 진로 장벽에 부딪히게 됩니다. 때로는 미처 만나지 않은 장벽에 대한 두려움이 우리의 진로에 또 다른 장벽이 되는 경우도 있습니다. ‘IF 진로 장벽’을 통해 꿈으로 향하다가 만나는 장벽도 진로로 가는 길임을 깨닫게 될 것입니다.

수업 Point

❶ 문제 상황에서 삶의 우선순위에 대한 가치를 발견하게 됩니다

사르트르는 우리의 인생을 BCD라고 표현하였습니다. 모든 인간은 출생(Birth)과 죽음(Death) 사이에서 수많은 선택(Choice)의 과정을 거친다는 의미이지요. 아침에 늦잠을 잘 것인지 아닌지, 점심에 산책을 할 것인지 여유 있게 식사를 할 것인지 등의 사소한 선택에서부터 결혼을 할 것인지, 새로운 일을 시도해 볼 것인지 등 삶의 방향을 결정하는 진중한 선택을 시시각각 하고 있습니다.

그렇다면 우리의 수많은 결정에 영향을 가장 많이 미치는 것은 무엇일까요? 최근 다양함과 복잡함으로 가득한 세상에서 분별 있는 적음을 추구해서 가장 본질적인 목표에 집중하는 "에센셜리즘(본질주의)'이 화두가 되고 있습니다. 그렉 맥커운은, '에센셜리스트는 정해진 방식을 수동적으로 따르는 것이 아니라, 자신에게 가장 옳은 방식을 설계하며 살아간다. 에센셜리스트는 외부의 상황에 따라 자신의 업무를 선택하는 것이 아니라 정말 중요한 것들과 중요하지 않은 것들을 정확하게 가려내어, 중요한 것들을 빠르게 진척시키기 위해 주변의 장애물을 제거한다."고 말하고 있습니다.

우리는 이 활동을 통해 중요한 것을 가려내고 장애물을 제거하고 극복하는 연습을 하게 됩니다. 문제 상황에 대응하는 과정에서 자신에게 중요한 우선순위, 궁극적으로 추구하는 목표도 발견합니다.

수업 Point

❷ 진로 장벽은 문제이면서 또 다른 기회입니다

조선 말기 백정 박성춘은 장티푸스로 괴로워하며 의사에게 살려 달라고 매달렸습니다. 하지만 "백정은 백정답게 살다 죽으라."는 말만 들은 채 길거리에서 쓰러지고 맙니다. 다행히 그는 길을 지나던 제중원 의사 에비슨의 도움으로 목숨을 건졌습니다. 그 후 박성춘은 에비슨에게 자신의 아들 박서양에게 의술을 가르쳐 달라고 부탁합니다. 박성춘은 독립운동가이며, 우리나라 최초의 서양 외과 의사이자 한국 최초의 전문학교 교수인 박서양의 아버지입니다.

박성춘이 백정이라는 신분의 한계 때문에 스스로 체념했더라면 우리는 오늘 박서양이라는 이름을 역사에서 찾을 수 없을 것입니다. 우리는 진로를 결정하고 실행하면서 다양한 어려움을 직면하게 됩니다. 그 어려움은 개인이 가지고 있는 개인적 요인뿐 아니라, 가정, 학교, 친구, 사회 등 다양한 환경적 요인으로 야기되기도 합니다. 하지만 우리가 만나게 되는 어려움이 우리의 진로에 방해물로만 작용할까요?

2013년 7월 28일, 미국 일간지 시애틀타임스에 여성 작가 제인로티가 쓴 자신의 부고가 다음과 같이 실렸습니다.

"나는 삶이라는 선물을 받았고, 이제 이 선물을 되돌려 주려 한다.
딸과 아들아, 인생길을 가다 보면 장애물을 만나기 마련이란다.
하지만 그 장애물 자체가 곧 길이라는 것을 잊지 말아라!
삶을 선물 받아 행복했다."

수업 Point

❸ 문제 해결 과정에서 예상하지 못한 기회를 얻게 됩니다

'만약 주사위'를 던져 어떤 그림이 나올지는 아무도 모릅니다. 그렇듯 우리에게 닥치는 진로 장벽 또한 아무도 예측하지 못합니다. 그리고 같은 상황이라도 문제를 인식하는 방법 또한 각각 다릅니다.

그런데 예상하지 못한 문제에 부딪힌 뒤, 그것을 해결하는 과정에서 또 다른 기회를 얻게 되는 경우가 있습니다. 첼리스트였던 토스카니니는 선천적으로 시력이 안 좋아 연주를 하기 전에 악보를 미리 외우는 습관이 있었습니다. 어느 날, 악단과 사이가 나빠진 지휘자가 공연장을 떠나 버리자, 악보를 다 외우고 있던 토스카니니가 대신 지휘를 하게 되었답니다. 그 후 그는 지휘자의 길로 들어섰고 오늘날 우리는 그를 지휘의 거장으로 기억합니다.

문제에 대한 정확한 인식은 문제 해결의 시작점이 됩니다. 문제를 어떻게 볼 것인가에 대한 생각과 함께, 같은 문제에 대한 다른 대처 방안을 통해 다양한 시각에서 볼 수 있도록 안내해 주세요.

2단계 진로 스토리텔링 수업하기

수업 순서

1 '미래 순간 포착' 활동에서 그린 꿈과 그 꿈을 이루고 싶은 이유를 발표한다.

2 그 꿈을 향해 갈 때 예상되는 진로 장벽 12가지를 토의하여 정한다.

3 12가지 진로 장벽과 관련한 그림을 그림 스티커에서 골라 스토리 주사위에 붙여 '만약 주사위'를 완성한다.

4 주사위를 굴려서 나온 그림을 문제 상황으로 해석한다.

5 문제 상황에 대한 자신만의 해결 방법을 발표한다.

수업 흐름 잡기

(각 그룹에 그림 스티커와 스토리 주사위를 나눠 줍니다.)

T 미래 순간 포착 활동을 통해 여러분은 각자가 이루고 싶은 꿈을 찾아보았습니다. 오늘 'IF 진로 장벽'을 하기 전에 여러분은 그 꿈과 함께 그 꿈을 이루고 싶은 이유를 발표해 보려고 합니다. 먼저 간단하게 적어 볼까요?

(미래 순간 포착 활동에 이어 진행.)

(작성이 끝난 후.)

T 우리 서로 자신의 꿈과 이유를 나눠 보도록 해요. 모둠 내에서 서로 돌아가며 각자 간단하게 말해 볼게요.(미래 순간 포착 활동을 했던 모둠이라면 발표 없이 진행하세요.) 모둠 내에서 발표가 끝났으면 친구들의 이야기를 들어 보겠습니다. 희망하는 학생이 발표하면 좋겠어요.

(모둠으로 진행하는 경우, 각 모둠에서 최소 1명 이상이 발표할 수 있도록 격려한다.)

T 꿈에 대한 다양한 이야기들을 들었습니다. 꿈을 함께 나누는 것만으로도 기분이 좋군요. 그런데 원하는 것을 아무런 어려움 없이 모두가 다 이룰 수 있을까요? 우리는 현실에서 여러 가지 문제 상황을 만나게 됩니다. 어쩌면 우리는 그 문제 상황을 이겨 내면서 성장하고, 또 그 문제를 해결하는 과정에서 꿈에 더 가까이 가는 열쇠를 발견할 수 있을 겁니다.

그런데 그 문제 상황이 우리에게 두려움으로 다가온다는 거예요. 경험하지 못한 것에 대한 두려움은 실제보다 더 크게 우리를 압박할 수 있을 겁니다. 'IF 진로 장벽'은 문제 상황을 구체적으로 생각하고 해결 방법을 찾아가는 활동입니다. 간접 경험이지만 여러분에게 힘이 되리라 믿습니다.

Ⓣ 여러분이 만날 수 있는 장벽에는 어떤 것들이 있을까요? 크게 의지 부족, 우유부단과 같은 내부 요인과 친구, 가족 등 인간관계에서 오는 문제, 경제적 문제, 사회 전반의 문제 등 외부 요인으로 볼 수 있습니다. 모둠 구성원들과 함께 의논하여 꿈을 이루는 과정에서 예상할 수 있는 문제 상황이나 어려움 12가지를 정해 보도록 해요. 그리고 그 장벽과 관련된다고 생각하는 그림 스티커를 골라 주사위에 붙입니다. 지금은 문제 상황에 대해 구체적으로 고민하지 않아도 됩니다. 순간적으로 떠오르는 생각이라도 이야기를 나누고 동의가 이루어지면 그림 스티커를 골라 붙여 주세요.

(5분 동안 의논하고 결정할 수 있도록 시간을 줌. 내용과 그림 스티커를 결정하면 순서에 관계없이 주사위에 붙임.)

▲ 오각 스티커와 스토리 주사위

T 지금부터 이 주사위를 '만약 주사위'라고 하겠습니다. 각 모둠에서 한 명씩 돌아가며 만약 주사위를 굴릴 거예요. 만약 주사위를 굴리면 맨 위에 그림 스티커가 보이겠죠. 그것을 보고 모둠 구성원들이 구체적인 문제 상황으로 해석하여 제시합니다.

문제 상황 제시도 모둠 구성원들이 돌아가며 해 주면 좋겠죠? 그림 스티커를 고를 때 말하지 않았어도, 그림을 보면서 어떤 문제나 어려움을 말해도 된답니다. 자신의 순서에서 특별히 떠오르는 것이 없다면 다른 친구들에게 도움을 요청해도 되고요. 친구가 어려움을 극복할 수 있도록 돕는 것이기에 문제 상황을 함께 고민해 주면 더욱 좋겠지요. 문제 상황을 제시할 때는 다른 친구의 당황스러움과 어려움을 배려하여 예의를 갖춰 말해 주기 바랍니다.

만약 주사위를 굴린 친구는 친구들이 말하는 상황에 대해 자신만의 해결 방법을 발표해 봅니다. 해결 방법이 구체적이지 않을 때에는 다시 한 번 더 질문을 하여 구체적으로 말할 수 있도록 도와주세요.

준비되었다면 시작해 볼까요? 순서를 정해 시작해 주세요.

(약 15분 동안 모둠 활동이 원활하도록 순회 지도.)

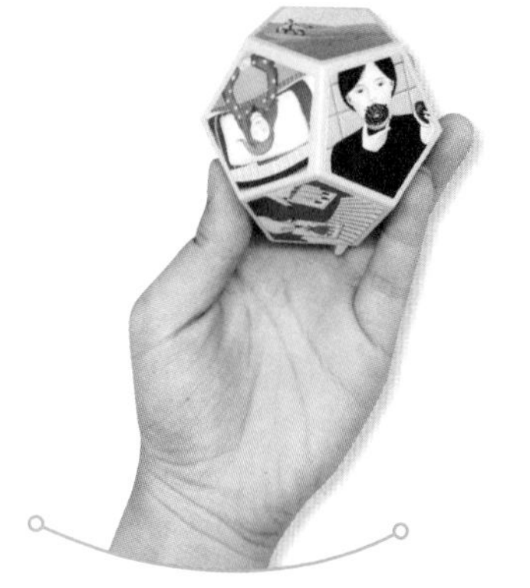

Ⓣ 문제 상황에 대처하는 친구들의 멋진 아이디어들이 많이 있었을 겁니다. 그중에서 특히 기발한 아이디어가 있다면 함께 나눠 보도록 하겠습니다. 문제 상황과 해결 방법을 함께 소개해 주세요.

(자유롭게 공유하기.)

Ⓣ 친구들의 문제 해결 방법을 들으면서 어떤 생각을 했나요? 아마도 우리는 자신만의 해결 방법을 생각하기도 했을 겁니다. 혹시 친구가 맞닥뜨린 문제 상황에 대해 자신만의 다른 방법을 생각한 친구가 있다면 발표해 볼까요? '나였으면 이렇게 했을 거야.'라고 생각한 친구가 있다면 발표해 주세요.

(발표 후)

이와 같은 상황이 다른 모둠에도 있었나요? 그렇다면 그 모둠에서는 어떤 해결 방법이 제시되었나요?

(동일한 문제에 대해 다른 방법으로 접근하는 의견 나누기.)

Ⓣ 그렇군요. 문제에 대한 해결책은 다양하군요. 오늘 활동을 하며 알게 된 것과 느낀 점을 이야기해 볼까요?

(느낀 점 공유.)

Ⓣ 오늘 우리는 꿈을 향해 나아갈 때 만날 수 있는 진로 장벽들을 예상해 보고, 또 자신만의 해결책을 생각해 보는 시간을 가졌습니다. 이러한 경험은 우리가 예상하지 못한 문제에 직면했을 때 우리만의 해결책을 찾을 수 있는 힘을 줄 것입니다.

교실에서 바로 쓰기

변형 및 향후 활동 01 개인 활동으로 하는 경우

자신의 꿈을 이루는 과정에서 만날 수 있는 장벽을 생각하고 이에 해당하는 그림을 선택합니다. 장벽을 구체적으로 해석하고 해결 방법을 찾아보는 개인 활동으로 진행할 수 있습니다.

변형 및 향후 활동 02 또래끼리 서로 상담을 해 주는 경우

학급 구성원들이 진로와 관련하여 겪고 있는 고민들을 난상 토론처럼 이야기하도록 합니다. 그렇게 이야기된 내용을 분류하여 모둠별로 한 영역씩 나누어 준 뒤, 그에 대한 해결 방법을 상담자의 입장에서 정리하여 발표해 보는 활동입니다.

예를 들면, 다음 같은 상황 중 한 가지를 선택하여 상담자로서 이 학생에게 어떻게 조언해 줄 수 있을지 의견을 모아 보는 활동입니다. 이때, 상담자로서 공감하고 격려하는 형식도 함께하도록 하면 좋습니다. 또, 가능하다면 상담 내용을 그림 카드에서 고르고 내용을 간단히 정리하여 발표한 후, 교실에 붙여 놓고 함께 볼 수 있도록 해도 좋습니다.

예시

상황1 중3 현진이는 자율고등학교를 희망하고 있습니다. 그런데 현재 내신 성적이 좋지 않아 희망하는 고등학교를 선택하지 못할 상황입니다.

상황2 일반고에 재학 중인 두리는 디자인과 관련된 일을 하고 싶어 합니다. 하지만 부모님은 공부를 열심히 해서 공무원 시험을 준비하라고 강요하십니다.

변형 및 향후 활동 03 개인 게임으로 진행하는 경우

주사위를 굴려 나오는 그림을 스스로 해석하면서 문제 상황을 제시하고 답하는 형식으로 진행할 수 있습니다. 이 경우, 중간에 문제를 제시하지 못하는 친구는 탈락하고 가장 나중에까지 남는 친구가 승자가 되는 게임으로 진행합니다.

변형 및 향후 활동 04 공동의 목표가 있는 경우

다양한 그림을 준비하고, 그림 더미에서 1장씩 뒤집어가며 진행할 수 있습니다.

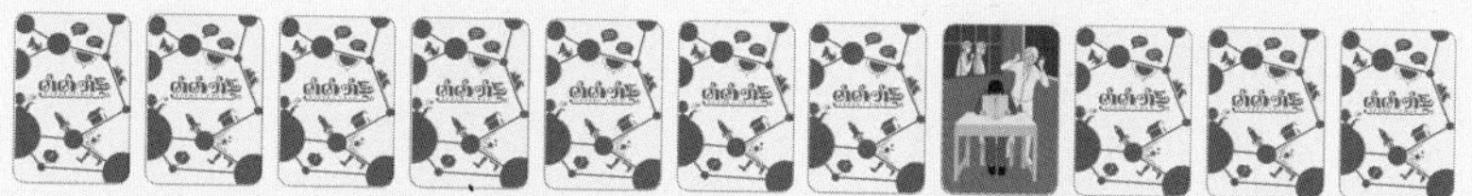

변형 및 향후 활동 05 주사위를 사용하지 않는 경우

일상에서 해결하고 싶은 일이 있을 때 응용할 수 있습니다. 하나의 결말을 정해 놓고 진로 장벽을 함께 의논해서 스티커를 붙입니다.

예시

학급 목표 사이좋은 교실, 소통이 잘되는 교실

장벽 혹은 문제 몇 명의 친구가 나에게 적대적인 말이나 행동을 한다.

- 민아: 가족과 선생님의 도움을 받겠다.
- 선규: 그 친구들의 태도에 반응하지 않겠다.
- 정우: 나도 더 강한 표정으로 응대하여 다시는 나에게 그런 행동을 하지 않도록 하겠다.

성인을 대상으로 IF 진로 장벽을 진행할 때

❶ 이렇게 진행해요!

성인의 경우, 앞으로 바라는 모습이 있거나 관심이 있는 직업이 생겼을 때 진행하는 것이 좋습니다. 전직을 계획하고 있거나 미래 계획을 크게 수정할 때에도 좋습니다. 개별이나 팀별로 가능합니다. 카드를 해석하기 어려워하는 사람에게는 다음 예시를 보여 주고, 자유롭게 해석할 수 있다는 점을 말해 줍니다.

예시 문제 상황에 대한 자유로운 카드 해석

* 새로운 것에 대한 두려움
* 사람들과의 관계

* 집안 경제의 어려움
* 얼어붙은 경기

❷ 주제별 예시 문제 상황을 사건, 환경, 배우자 등으로 분류

IF 진로 장벽 문제 상황: 사건

꿈	WHY	문제 상황	해석	행동
여기저기 다니면서 컨설팅을 해 주는 기업 혁신 전문가.	나는 돈보다는 인정을 받는 것이 좋고, 삶을 균형 있게 사는 것이 중요하다.		메이저급 게임 회사에서 스카우트 제의를 받는다.	나는 그런 조건이 와도 그것을 선택하지 않는다. 그 이유는 돈보다 내가 쌓아 온 전문성이 중요하기 때문이다.

IF 진로 장벽 **문제 상황: 환경**

꿈	WHY	문제 상황	해석	행동
의료 관련 의학자, 병원 설립 지주회사, 글로벌 진출.	재난 전문 의료 시설을 만드는 것이 꼭 필요하기 때문이다.		메르스로 인한 경기 침체, 경기 악화가 시작되었다.	전문 대응 업체를 새롭게 만드는 것으로도 추진해 보겠다.

IF 진로 장벽 **문제 상황: 배우자**

꿈	WHY	문제 상황	해석	행동
헤어 디자이너.	다른 사람을 예쁘게 꾸며 주는 것이 좋다. 그럴 때 기분이 좋아진다.		직업 군인. 한곳에서 미용실을 오랫동안 유지하기 힘들다.	가는 곳마다 군인 가족의 머리를 다듬어 줘서 텔레비전에 나온다.

❸ 진로 장벽에 대응하는 다양한 방법

- 진로 장벽 깨기(고정관념이나 편견은 깨야 함)
- 진로 장벽 뛰어넘기(개인의 능력, 성적, 부모와의 갈등 등 한계 극복)
- 진로 장벽 돌아가기(개인의 능력이 너무 부족, 환경이 어려운 경우)
- 진로 장벽 딴 길 가기(비현실적인 경우, 다른 대안을 찾아 돌아서기)

〈출처: 교육과학기술부, 한국직업능력개발원, 2012년〉

Chapter

04 오르락내리락 이야기 게임

진로의 목표를 정하여 도전하는 과정에서 생기는 긍정적 또는 부정적 요인을 파악하고 점검하며 현재 상황에서 준비해야 할 바를 찾는 활동

활동 대상	초등 고학년 이상	소요 시간	약 50분
영역	진로 디자인과 준비	활동 방법	개별 또는 모둠
준비물	오르락내리락 이야기 게임판 1개, 분홍색 포스트잇 12장, 노란색 포스트잇 12장, 주사위 2개, 말 2개, 이야기톡 스티커, 필기도구		
핵심 역량	공동체 역량(참여, 협력), 의사소통 역량(공감, 경청) 자기 관리 역량(자아 탐색, 자신감, 자기 성찰 등)		

1단계 스토리텔링 인문학

"나는 천천히 가는 사람이지 뒤로 가는 사람이 아니다." 에이브러햄 링컨의 말이에요. 그는 몇 번의 실패와 낙선을 반복하면서도 좌절하지 않고 51세에 드디어 미국의 16대 대통령이 되었어요. 8번의 낙선을 하고도 도전하는 링컨 대통령의 모습은 '천천히 가는 사람'의 모델이라고 하기 어려울 만큼 많이 느린 면이 있죠. 하지만 그는 낙선할 때마다 왜 떨어졌는지를 배우고 그것을 발판으로 조금씩 조금씩 앞으로 나아갈 수 있었다고 합니다.

도전하다가 한 번만 실패해도 인생의 실패자라고 생각하는 사람들이 있어요. 그래서 실패가 무섭고 두려워 도전 자체를 하지 않으려 하죠. 하지만 어떤가요? 링컨 대통령도, 발명왕 에디슨도 실패가 있었기에 큰 성과가 있었어요. 이런 것을 볼 때, 다른 길로 돌아가거나 실패하는 것도 재도약을 위한 점검의 기회이자 궁극적 삶의 목표를 위한 또 다른 선택입니다.

인생은 롤러코스터라는 말이 있죠? 오르막길로 간다 싶으면 내리막길로 들어서 떨어지고, 한참을 헤매어 또 오르막길로 접어들기도 하지요. 그렇다면 현재를 사는 우리는 어떤 생각을 하고 무엇을 준비해야 할까요?

❶ 삶의 과정을 간접적으로 경험하며 인내심과 성취감 등의 역량을 키울 수 있어요

우리 인생은 올라가기만 하거나 또 내려가기만 하지 않습니다. 만약 한 가지로만 결정된다면 얼마나 지루하고 재미없을까요? 좋은 일이 있으면 나쁜 일이 생기기도 하고, 힘들다가도 어느새 힘을 주는 일이 생깁니다. 그야말로 오르락내리락 인생입니다. '오르락내리락 이야기 게임'은 바로 이런 점을 놀이 경험을 통해 알려 줍니다. 게임에서 승리를 앞두고도 다운(down) 화살표는 언제든지 만날 수 있으니까요. 물론 어떤 사람은 승리를 알리는 '결말 자리'에 무사히 안착할 수도 있겠지요.

그런데 '결말 자리'에 빨리 올라갔다고 무조건 좋을까요? 너무 쉽게 올라가서 다른 친구들이 게임하는 모습을 봐야 하니 따분함도 있겠지요? 물론 한 걸음 뒤로 물러서서 자신이 지나온 길을 살펴볼 수 있는 여유는 있겠지요.

반대로 뒤처져 늦게 도착하면 나쁜 점만 있을까요? 다른 사람보다 조금 뒤처지더라도 인내심을 가지고 끝까지 도전할 때 해낼 수 있다는 것을 경험할 수 있습니다. 그 과정에서 성취감과 자신감을 얻을 수 있어요. 그리고 문제를 해결하는 과정에서 긍정적 에너지가 얼마나 중요한 요소인가 알고 의지를 다질 수 있는 기회가 되기도 한답니다.

❷ 진로 장벽을 해결하는 문제 해결력과 진정한 꿈을 확인할 수 있어요

첫째, 진로 장벽을 만나면 확실하게 해결해야 해요. 계속 같은 칸에 걸려서 아래로 떨어지는 팀에게 이야기해 주세요. 반복적으로 그 문제에 걸려 넘어질 때는 확실하게 해결하지 않으면 그 문제가 더 커지죠. 사소한 것일수록 미리미리 해결하여야 합니다.

게임을 하다 보면 긍정적인 상황 ⊕을 만나 숫자가 급격하게 올라가기도 하고, 방해 요소 ⊖를 만나 아래로 심하게 떨어지기도 해요. 그럴 때마다 학생들은 어떤 이유로 이 지점으로 오게 되었는지 다시 한 번 포스트잇에 적힌 글을 봅니다. 쉽게 올라간 이유도 찾게 되고요.

학생들은 게임을 하면서 자신의 진로 문제를 발견하게 돼요. 그리고 자연스럽게 어떤 해결 방법이 있는지 생각하게 되는 것이죠. 거기서 찾은 해결 방법은 실제로도 유용하게 사용할 수도 있어요. 게임을 하면서 진로 장벽도 미리 경험하게 되니 현실에서 진로 장벽과 마주한다고 하여도 해결 방법을 조금 쉽게 찾을 수 있지 않을까요?

둘째, 진로 장벽이 어려워서 포기한다면 그것은 진정한 나의 목표가 아니겠죠? '오르락내리락 이야기 게임'에서는 '결말 자리'로 올라가는 동안에 앞부분에는 업(up, 올라가는 화살표)이 많이 있고, 뒷부분에는 다운(down, 내려가는 화살표)이 더 많이 있어요. 우리 인생도 그렇지요. 처음에 좋아서 시작할 때는 열정이 넘치고, 아는 것도 별로 없어서 오히려 쉽습니다.

예를 들어 어떤 사람이 웹툰 작가가 되고 싶은데 그림 실력이 모자랐어요. 그래서 그림 연습을 열심히 해서 그 어려움을 극복했어요. 그런데 유명한 웹툰 작가의 그림을 따라 그렸기 때문에 그 작가의 그림과 거의 같아졌고, 그래서 개성이 없어지는 일이 생기고 말았죠. 이것은 전에는 없던 새로운 진로 장벽이에요.

이처럼 목표를 이루다 보면 생각하지 못했던 또 다른 어려움이 생길 수 있어요. 그렇다고 포기한다면 그것은 진정한 목표가 아니지요. 그 어려움까지도 예상하고 준비하는 자세를 갖는다면 언젠가는 꿈을 이룰 수 있겠지요.

셋째, 특별한 일도 없고 심하게 어려운 진로 장벽이 없어도 꿈은 이루어져요. 화살표 숫자에 한 번도 걸리지 않고 목표를 달성할 수도 있어요. 그

런데 그렇게 계속 게임을 이기면 인생이 다이내믹하지 않고 재미없지 않을까요?

꿈을 향해 갈 때는 빠르게 끌고 가는 도움이 없어도 한 걸음씩 열심히 갈 수 있습니다. 부족한 점을 스스로 노력하여 채워 가며 한 발 한 발 열심히 가니 큰 방해도 받지 않습니다. 개미처럼 천천히, 그러나 성실하게 내가 꿈꾸는 삶을 향하여 나아가다 보니 어느새 꿈에 다다르게 됩니다. 이처럼 남과 비교하지 않고 묵묵히 노력해서 목표를 이루는 길도 훌륭한 방법이죠.

넷째, 실패도 내 인생의 한 부분이에요. 방해물(진로 장벽)이 나왔다고 해서 그 사람의 인생이 잘못되는 것은 아닙니다. 장벽도 그 사람의 진로에 꼭 필요했던 부분이며, 그 방해물로 인해서 그 사람은 더욱 단단해집니다. 링컨 대통령이나 에디슨처럼요. 지금은 중요하지 않은 것처럼 보여도 먼 훗날 그 실패에 대해서 생각하면 '재충전' 또는 '재도약'이라는 단어가 생각나겠죠.

❸ 아무리 사소한 일도 행동하지 않으면 아무런 일도 일어나지 않아요

일단 게임을 시작하면 아무리 내리막길로 떨어진다고 하여도 결코 '0'으로 돌아갈 수는 없어요. 진로를 다른 길로 변경하더라도 나아간 만큼은 배운 것이 있고 우리의 일상에서 소중한 경험으로 남게 돼요. 이 경험은 다른 진로로 바꾸더라도 융합이 되거나 응용이 될 수 있는 자산이 되죠. 그러므로 일단 시작하는 것이 중요해요.

2단계 진로 스토리텔링 수업하기

수업 순서

1 모둠별 활동 도구를 확인한다.

2 모둠에서 토의하여 공동으로 말할 수 있는 직업을 한 가지 정한다. 정한 직업은 포스트잇에 적어 게임 판의 '결말 자리'에 붙인다.

3 직업인이 되기 위해 준비해야 할 것이나 도움이 되는 행동, 그 일을 위한 긍정적 상황 등에 대해 토의하며 12가지를 선정한다.

4 분홍색 포스트잇 12장(플러스 쪽지=이하⊕)에 3번 활동 내용을 정리한다.

5 직업인이 되는 과정에서 생길 수 있는 방해 요소나 상황 등에 대해 토의하고 노란색 포스트잇 12장(마이너스 쪽지=이하⊖)에 정리한다.

6 업(up) 화살표 칸에는 ⊕(도움이 되는 행동)을 붙이고, 다운(down) 화살표에는 ⊖(방해 요소)를 붙인다.

7 게임 규칙에 따라 게임을 진행한다.

예시 오르락내리락 이야기 게임 준비

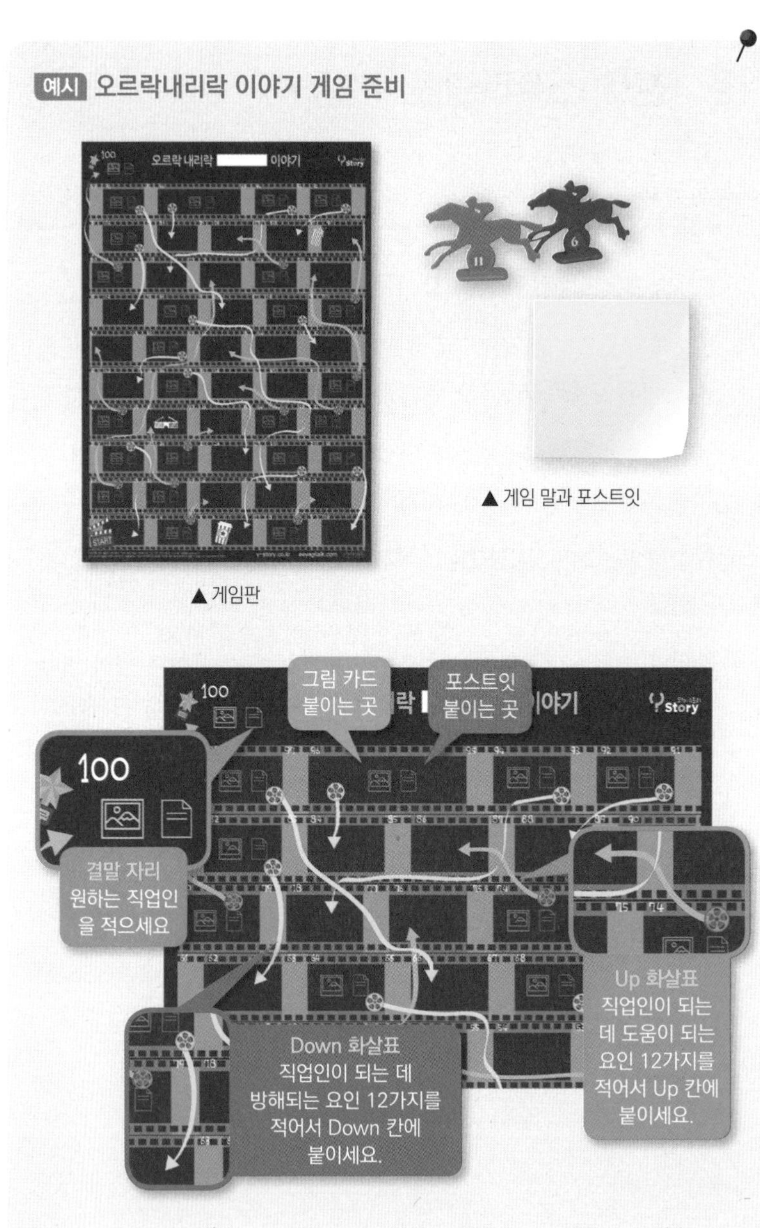
오르락 내리락 이야기
100
START
그림 카드
붙이는 곳
포스트잇
붙이는 곳
결말 자리
원하는 직업인
을 적으세요
Up 화살표
직업인이 되는
데 도움이 되는
요인 12가지를
적어서 Up 칸에
붙이세요.
Down 화살표
직업인이 되는 데
방해되는 요인 12가지를
적어서 Down 칸에
붙이세요.

▲ 게임판

▲ 게임 말과 포스트잇

수업 흐름 잡기

T 여러분, 좋아하는 연예인이 있나요? 이 사람은 지금도 연예인이 뽑은 최고의 스타라고 하는데 혹시 누군지 알겠어요? 바로 국민 MC, 유재석 씨예요. 오랫동안 인기도 많았고 함께 프로그램을 하고 싶어 하는 연예인들이 많다고 하네요. 그런 유재석 씨, 처음부터 인기가 있었을까요?

(학생들의 대답을 유도한다.)

T 맞습니다. 유재석 씨는 1991년 개그제에서 장려상을 수상했지만 그 후, 무명 세월을 10년 정도 보냈다고 하네요. 물론 지금은 전 국민이 다 알 정도로 예능계를 점령하고 있지요. 그 이유는 무명의 10년 동안 스스로 변하고 가꾸는 시간을 가졌기에 가능했던 것 아닐까요?

T 오늘 활동을 통해, 한 직업인으로 살아가기까지 우리에게 주어지는 긍정적 또는 부정적 상황을 생각해 보고 우리가 그 직업인이 되려면 어떻게 준비해야 하는지 게임처럼 즐겁게 이야기하는 시간을 가져 보려 해요.

Ⓣ 우선 각자 자신의 희망 직업 또는 관심 직업에 대해 한번 생각해 주세요. 그 직업을 쭉 말해 보고 모둠 구성원들이 관심이 많은 직업 하나를 정해 주세요.

모둠 구성은 4명 정도가 적당한데, 많아도 6명 이하로 진행해야 좋습니다. 모둠 내 인원이 많다면, 2명이 팀을 이루어 진행해도 괜찮답니다.

Ⓣ 직업을 정했다면 포스트잇에 크게 쓰고 게임판 '결말 자리'에 붙여 주세요.

(모둠별로 하나의 직업을 선택하고 써서 결말 자리에 붙인다.)

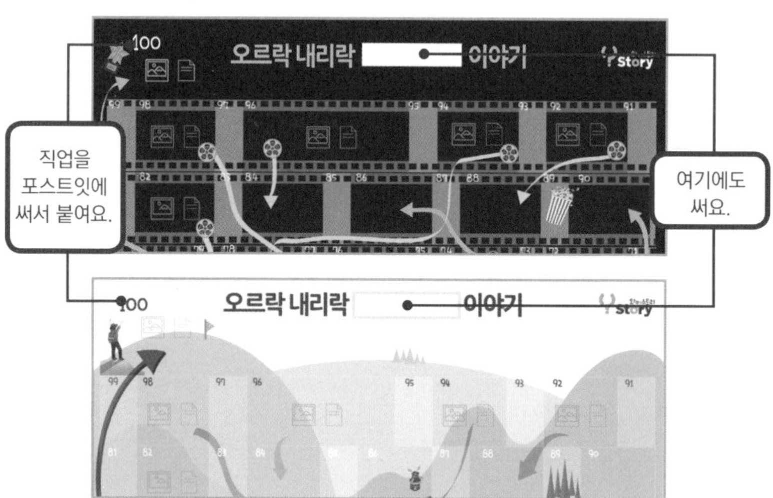

T 그 직업을 잘 수행하기 위해 필요한 것이나, 있으면 더 좋은 것들 또는 그 직업을 갖기 위해 도움이 되는 행동이나 상황 등을 토의해 주세요. 그리고 그중 12가지를 골라 분홍색 포스트잇에 정리해 주세요. 예를 들어, 웹툰 작가가 되기 위해서는 '그림 그리기 연습을 한다.' 또는 '웹툰 작가들에 대해 모니터링을 한다.'는 그 일을 위해 필요한 행동이나 상황을 적으면 돼요.

(학생들에게 5분 정도 토의할 시간을 준다.)

T 이제는 여러분이 정한 직업인이 되는 데 방해되는 요소나 상황, 문제점 등을 토의해 주세요. 이것을 '진로 장벽'이라고 해요. 우리가 그 일을 하려고 할 때 예상되는 문제나 상황 등을 토의하면 된답니다. 역시 12가지를 선정하고 노란색 포스트잇에 정리해 주세요. 예를 들면 웹툰 작가가 되려는데, '그림 실력이 부족하다.', '부모님이 반대하신다.' 등의 문제나 상황을 정리하면 됩니다.

(학생들에게 5분 정도 토의할 시간을 준다.)

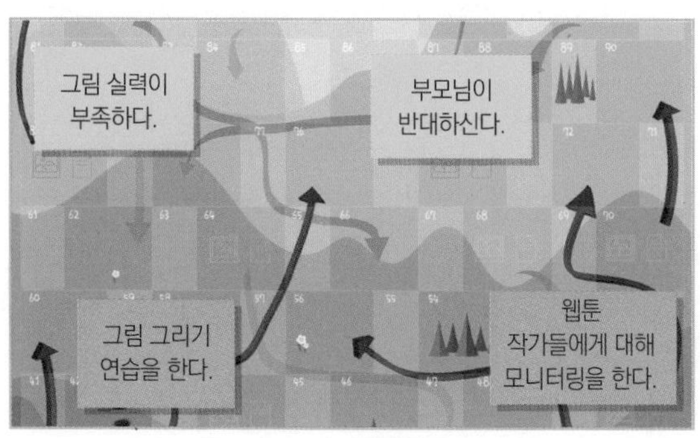

Ⓣ 업(up) 화살표가 시작되는 칸에 ⊕를 붙여 주세요. 그중 가장 긍정적으로 작용할 것 같은 것을 가장 긴 업(up) 화살표에 붙여 주는 것이 좋아요. 예를 들어, 웹툰 작가가 되는 과정에서 가장 도움이 된다고 생각하는 것을 '웹툰 작가 공모전에 응모한다.'로 생각하면 그것을 가장 긴 업(up) 화살표에 붙이면 돼요. 그런 방법으로 차근차근 12장을 모두 붙여 주세요. 다운(down) 화살표도 같은 방법으로 해 주고요.

(모둠별로 토의하여 게임판에 ⊕와 ⊖를 붙인다.

Ⓣ 이제 '오르락내리락 이야기 게임'을 시작해 볼까요?

Tip

승부의 문제가 아니라 진로를 개척하는 과정에서 필요한 준비를 할 수 있고, 예상되는 문제를 해결하고자 하는 의지를 키우는 데 초점을 맞추고 진행해 주세요. 특히 이긴 학생이 나오더라도 모든 학생이 끝까지 참여하여 우여곡절 끝에 직업인이 되어 보는 성취감을 느끼도록 해 주세요. 끝까지 포기하지 않은 친구에게 응원을 보내 주도록 분위기를 만들어 주세요.

Ⓣ 가위바위보를 하여 먼저 시작할 친구를 정해 주세요.

Tip

게임을 빠르게 진행해야 하는 경우 각 모둠에서 2명 또는 3명으로 팀을 이루어 하면 된답니다. 또는 주사위를 한번에 2개 사용해도 됩니다.

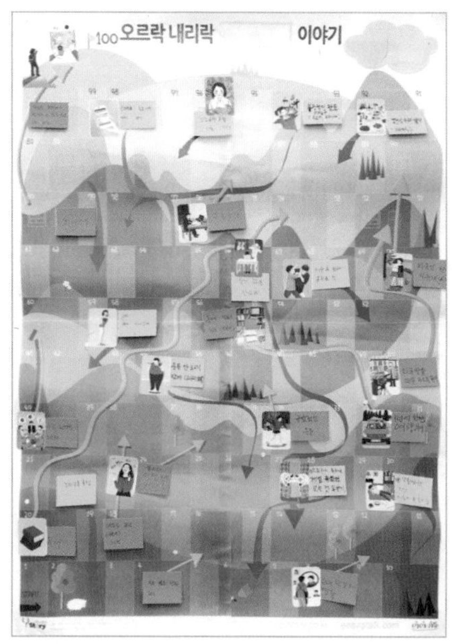

▶오르락내리락 이야기 게임판 완성된 모습

ⓣ 순서가 정해졌으면 시작하는데, 주사위를 굴려서 나온 숫자의 칸으로 말을 이동시키고, 해당 칸의 글을 소리 내어 읽어 주세요. 긍정적 상황일 때는 박수를 보내 주거나 축하의 의미가 담긴 호응을 해 준다면 더욱 좋겠어요. 그리고 주사위를 굴려서 나온 수만큼 움직인 칸에 화살표가 있으면 말을 그 칸으로 이동시켜요.

ⓣ 해당 칸의 글이 부정적인 상황이라면 화살표를 따라 내려가면 된답니다. 이때, 부정적인 상황이나 문제를 해결할 수 있는 방법이나 자세 등에 대해 말한다면, 내려간 후에 앞으로 3칸 전진할 수 있다는 점도 기억하세요.

T 그렇게 100의 결말 자리에 주사위가 도착할 때까지 게임을 진행합니다.

T 두 팀이 모두 결말 자리에 도착해야 게임이 끝나요.

(15분 정도 게임 진행.)

T 누가 먼저 오늘의 직업인이 되었나요? 먼저 직업인이 된 친구는 다른 친구가 직업인이 될 때까지 도전할 수 있도록 격려하며 기다려 주세요.

T 이제 모두 직업인이 되었죠? 직업인이 되기까지 어떤 일들이 있었는지 누가 한번 말해 볼까요?

(2~3명 게임에서 겪었던 내용 발표)

T 게임을 하면서 어떤 생각이 들었는지 얘기해 볼까요?

(2명 내외 학생이 발표)

T 오늘 여러분이 도전하고 성취했던 것처럼 앞으로 우리가 희망하는 진로 또한 어려움과 긍정적 상황이 늘 공존합니다. 오늘 활동을 통해 진로를 개척하는 과정에서 어떤 자세로 임해야 할 것인가를 생각할 수 있길 기대해 봅니다. 어려움을 이겨 내고 포기하

지 않고 계속 도전하며 여러분이 꿈꾸는 삶을 이루어 나가길 응원합니다.

시간이 많을 때는 오르락내리락 이야기 게임판에 ⊕와 ⊖를 붙인 후 모둠별 발표하기를 해 주세요. 모둠마다 긴 화살표에 도움이 되는 행동이나 상황을 어떻게 적었는지, 어떤 진로 장벽의 이야기들을 적었는지 발표합니다. 친구의 다른 생각을 알 수 있고, 미처 생각하지 못한 준비 방법도 찾을 수 있답니다. 혹시 다른 모둠의 의견 중에 더 좋은 생각이 있다면 수정도 할 수 있습니다.

교실에서 바로 쓰기

STEP❶ 모둠으로 진행하지 않고 개별적으로 결말을 정해 비슷한 꿈을 가진 친구들끼리 2인 1조로 개인의 진로 스토리를 만들 수 있어요. 게임을 진행하지 않을 때에는 1인 1개의 진로 스토리를 만들 수 있어요. 이 경우에 각자의 진로를 구체적으로 계획하고 여러 가지 자신만이 가지는 진로 장벽을 알게 돼요.

STEP❷ '오르락내리락 이야기 게임'을 이용하여 진로 이외에도 여러 가지 다른 주제를 주어 스토리텔링으로 문제를 해결하는 방법으로도 활용할 수 있습니다.(예: 소통, 친구와 화해하기, 자연 보호 캠페인, 인권 지키기, 나의 가치관 등)

STEP❸ 게임을 진행할 때 매번 주사위를 굴려서 나온 칸의 글을 기록해 보아요. 이 글을 차례대로 읽으면 직업인이 되기 위한 스토리가 만들어져요.

오르락내리락 이야기 게임으로 쓴 학생 글

나의 웹툰 작가 도전 스토리

어느 날 네이버에서 웹툰을 보았다. 사육사가 되고 싶은 사람의 이야기였는데 내용도 재미있었고 그림이 좋아서 나도 웹툰 작가가 되어 보겠다고 마음을 먹었다.

웹툰의 스토리를 생각하고 소재를 찾는 중에 가족 여행을 섬으로 가게 되었다. 그 여행에서 새로운 경험을 하며 소재도 찾게 되어 너무 기뻤다. 웹툰에 나오는 등장인물들을 사실적으로 표현하는 훈련을 위해 주변에 있는 사람들의 표정을 살폈다. 사람들이 기뻐서 미소를 지을 때 입술 근육이 어떻게 움직이는지 관찰해 보았다. 더불어 의식적으로 미소를 지을 때는 눈 주위가 어떻게 움직이는지 얼굴의 움직임을 세세히 관찰하는 습관이 생겼다. 점점 내가 되고 싶은 웹툰 작가의 길이 다가오는 느낌이 들었다.

여행에서 찾은 소재를 가지고 웹툰을 그려 보았는데, 너무나 부족한 그림 실력으로 웹툰 작가는 되기 어려울 것 같아 포기하기로 했다. 그렇지만 나도 모르게 자꾸 그림을 그리고 있었고 부족했던 그림 실력이 점차 나아지고 있었다. 예전에 그렸던 웹툰에 그림을 다시 고쳐 그려서 무작정 도전 만화에 올려 보았다. 친구들도 나를 자랑스러워하는 것 같고 기분이 날아갈 것 같았다.

그런데 흑흑~ 인기가 없었다. 절망에 빠져 그림도 그리지 않고 게으름을 피웠다. 어느 날 길거리에서 초등학교 동창을 만났다. 그 친구는 "도전 만화에서 네 웹툰을 보았는데 그림이 진짜 좋더라. 웹툰을 계속 그려."라고 말했다. 친구의 말에 용기를 얻어서 새로운 소재도 찾고 그림도 열심히 그렸다. 이렇게 계속 그림을 그리다 보니 지쳤다. 웹툰을 그리면 무얼 하나 하는 생각이 들어서 약속을 어기고 잠수를 탔다. 그림은 그리지 않고 놀러 다니고 하루 종일 텔레비전만 보았다.

그날도 컴퓨터로 게임을 하는 중에 도전 만화가 눈에 들어왔고 갑자기 예전에 결말을 내지 못한 웹툰이 생각났다. 나는 드디어 마무리를 했고 다시 도전하였다. 내 웹툰이 드디어 네이버 베스트 만화로 선정되었다. 만세~!

STEP 4 게임판에 포스트잇을 붙이지 않고 빈칸으로 두어도 됩니다. 아무것도 쓰여 있지 않는 빈칸은 인생에는 계획되지 않는 일도 일어난다는 점을 보여 줍니다. 때로는 아무것도 하지 않았는데 그 시간이 힐링이 되어 결과적으로 좋은 일이 되었을 때를 의미하지요. 또는 아무것도 하지 않아서 일이 엉켜 버릴 수도 있고요. 빈칸은 다양한 해석을 하게 하고, 게임을 더욱 재미있게 만들어 줍니다.

Chapter 05

스토리텔링 자기소개서

호감이 가는 자기소개서를 쓰기 위해 스토리텔링 방법으로 정리해 보는 활동

활동 대상	초등 고학년 이상	소요 시간	약 50분
영역	진로 디자인과 준비	활동 방법	개별
준비물	종이, 필기도구		
핵심 역량	자기 관리 역량(자기 이해, 자아 성찰), 심미적 감성 역량(자신의 가치 표현), 의사소통 역량(생각과 감정 표현, 경청, 공감, 설득)		

1단계 스토리텔링 인문학

누군가에게 자신을 소개할 때, 어떻게 표현하나요? 보통의 경우, "저는 강직하고, 책임감이 강하고 열정적인 사람입니다."라는 식으로 추상어를 쓰는 경향이 많습니다. 그런데 그렇게 소개하면, 상대방이 나를 '강직하고 책임감을 가진 열정적인 사람이다.'라고 받아들일까요? 이런 소개는 어떤가요? "고등학교 3년 동안 주말마다 아동복지센터를 찾아가 초등학교 친구들과 폐품을 활용한 만들기를 하여 전시회도 세 차례나 가졌어요." 차이가 느껴지나요?

자기소개서를 쓸 때도 마찬가지예요. 글을 통해 자신만의 특성과 장점이 충분히 드러나야만 심사자들에게 인상적인 사람으로 남을 수 있답니다. 그러기 위해서는 뻔한 이야기가 아닌 자신만의 삶을 이야기로 표현해야 하겠지요. 즉, 스토리텔링이란 방법을 이용해 보는 거예요. 지금부터 소개하는 루트 기법과 스토리텔링의 원칙을 토대로 여러분만의 이야기를 써 보는 것은 어떨까요? 자신만의 이야기는 여러분을 원하는 곳에 이르게 하는 힘이 될 것입니다.

❶ 이야기에는 관심을 끄는 힘이 있습니다

학교나 회사에 들어가려는 지원자들이 참으로 많습니다. 심사위원들은 지원자의 자기소개서를 통해 단편적이나마 지원자를 알고자 하지요. 그런데 스펙 중심으로 나열된 그렇고 그런 자기소개서가 얼마나 관심을 끌 수 있을까요? 계속 읽고 싶다는 생각이 들까요? 당연히 그렇지 않습니다. 그럼 읽고 싶은 자기소개서는 어떤 것일까요?

바로 이야기가 있는 자기소개서이지요. 사람을 끌게 하는 매력, 그것이 이야기가 가진 하나의 힘이거든요. 이야기에는 기승전결이라는 흐름이 있어서 읽는 이로 하여금 '의미 흐름의 덩어리'로 파악하게 해요. 그래서 좀 더 재미있고, 기억하기 쉽고 오래 남는답니다. 따라서 심사위원으로 하여

금 지원자들의 구체적인 이야기들을 만나고 삶을 들여다볼 수 있도록 한다면, 심사위원을 배려한다는 느낌이 있으면서 자신만의 특성을 보여 줄 수 있지 않을까요?

❷ 이야깃거리를 찾는 과정이 진로 개발 과정이 됩니다

자신의 이야깃거리를 찾는 과정을 거치고 스토리텔링으로 연결하려면, 왜 그때 그러한 경험을 했는지, 그 경험이 어떤 의미로 자신에게 다가왔는지 등에 대해 성찰하게 됩니다. 자신의 삶을 대상화하여 객관적으로 살펴볼 수 있는 기회가 되는 것이죠. 그럼으로써 자신에게 부족하여 키워 나가야 할 부분, 긍정적으로 더 살려 나갈 부분들을 생각하게 되지요. 그러한 과정이 곧 자신의 진로를 위해 의미 있는 성장의 과정, 진로 개발의 과정이라고 할 수 있어요.

2 단계 진로 스토리텔링 수업하기

수업 순서

1 자신이 특별하다고 생각하는 활동을 통해 배운 점을 찾는다.

2 배운 점에서 특히 강조되는 덕목이 무엇인지 생각하고 찾는다.

3 그 활동의 상황에 대해 구체적으로 정리해 본다.

4 활동 중 문제 상황(방해 요소나 갈등 상황)을 떠올리고 정리해 본다.

5 문제 상황에서 자신의 감정 상태를 확인한다.

6 문제 상황을 해결하기 위해 구체적으로 노력했던 활동을 정리한다.

7 노력에 대한 결과 상황을 정리한다.

8 이 에피소드에서 배운 내용을 다시 확인하고, 그것을 통해 더 확대하여 하고 싶은 것을 찾는다.

수업 흐름 잡기

예시 취업을 위한 자기소개서

- **학생 이름** 심재현(가명)
- **학년** 고등학교 3학년
- **특이 사항** 취업을 위한 자기소개서
- **쓰고 싶은 내용** 동아리 활동 사례

처음 쓴 자기소개서

작년 겨울방학에 동아리 활동으로 친구 세 명과 함께 방송제 출품을 위해 작품을 제작했습니다. 저는 모든 일에 책임감을 가지고 임했습니다. 팀원들과 소통하고 사람들에게 다가가는 방법을 알게 해 준 좋은 경험이었습니다.

Ⓢ 선생님, 안녕하세요? 자기소개서를 써야 하는데 제가 경험했던 것을 글로 쓰는 게 쉽지가 않네요. 도와주세요.

Ⓣ 재현 학생, 잘 왔어요. 동아리 활동 사례를 잘 정리하고 싶군요. 선생님이 질문을 하나 할게요. 차근차근 대답하며 정리하도록 해 봐요. 우선, 이 경험에 대해 왜 쓰고 싶은지 생각해 봐요. 재현이가 이 경험에서 깨달았던 것이나 배운 것은 무엇이었나요? 이것이 재현이가 이야기하고자 하는 주된 핵심이에요.

Ⓢ 저는 사람들과의 관계에서 배려하는 자세와 공감이 가장 중요하다는 것을 배웠어요.

Ⓣ 어떤 상황에서 그것을 배웠나요? 그때 상황이 어땠는지 말해 줄래요? 간략하게 언제, 어디에서, 누구와 무엇을 했다 정도로 요약해서.

Ⓢ 저는 작년 겨울방학, 방송반 활동으로 방송제를 기획했고, 팀을 이뤄서 '우리 지역 수산 시장'에 대한 영상을 만들었습니다.

Ⓣ 그때, 특히 재현이에게 어려웠던 점이나, 갈등, 재현이의 활동을 방해하는 것이 있었나요?

S 친구들과 의견을 모으고 같이하는 것이 쉽지 않았고, 무급 촬영이라 판매하시는 분들의 협조도 되지 않아서 힘들었어요.

T 그랬군요. 그때 재현이의 마음은 어땠나요?

S 정해진 시간이 있어서 당황스럽고 속상했어요. 하지만 출품의 목표를 이루고 싶었기에 포기하기 싫었어요.

T 참 난감했겠어요. 그러면 포기하기 싫어서 어떻게 했나요? 구체적으로 말해 줄 수 있나요?

S 아, 예~. 우선은 해야 할 일들을 리스트로 만들었어요. 그다음 팀원들의 상황을 들어본 뒤, 각자 처한 상황에 공감하며 팀원들 먼저 일을 선택하도록 했어요. 전 남는 일들을 맡았고요. 특히 팀원들이 촬영 섭외하는 것을 가장 어려워해서 그것을 도맡아 했어요. 그리고 일주일 동안, 아침 일찍 장사를 준비하는 판매상 분들에게 따뜻한 차를 드리며 하루 종일 그분들 옆에서 현장을 직접 보고 공감했습니다.

T 재현이가 참 멋지게 행동했네요. 그래서 결과가 어떻게 되었는지 궁금한데요.

S 우리 팀은 각자 맡은 분량을 잘 해냈고, 서로 격려하는 분위기에서 끝까지 진행할 수 있었어요. 판매상 분들은 저의 진실함을 알아보시고 촬영에 응해 주셨고, 방송 원고까지 체크해 주셨답니다.

T 그래서 공감하는 자세가 중요하다는 것을 배웠군요.

S 네. 저에게는 정말 소중한 경험이었어요.

Ⓣ 그런 일이 있고 나서 '앞으로 나는 이런 사람이 되고 싶다.'라고 생각한 것이 있나요? 아니면 '일을 할 때 이런 모습과 자세로 해야지.' 하는 것도 괜찮아요.

Ⓢ 저는 그때 경험처럼 사람들의 마음을 움직이는 사람이 되고 싶어요.

Ⓣ '나의 ________ 으로 ________ 한 모습이 되고 싶다.'의 형식으로 다시 이야기해 줄래요?

Ⓢ 나는 사람들을 배려하고 진심으로 다가가 공감하는 모습으로 고객의 마음을 움직이고 싶습니다.

Ⓣ 잘했어요. 우리가 나눈 이야기를 아래와 같이 정리해 볼까요? 다음 흐름에 맞춰 사례를 좀 더 구체적으로 써 보기 바랍니다.

자기소개서 쓰기 전 최종 정리

- **주제(말하고자 하는 바)** 배려와 진심 어린 공감의 중요성을 경험했다.
- **상황** 방송제 영상 제작을 위해 지난 겨울방학 동안 팀원들과 영상을 제작했다.
- **갈등** 팀원들의 참여가 저조했고, 판매상들은 촬영을 거부했다.
- **행동** 팀원들에게 업무를 먼저 선택하도록 배려하고, 판매상들에게 차를 대접하며 진심 어린 태도로 협조를 부탁했다.
- **결과** 영상을 끝까지 완성해서 결과물을 출품했다.
- **결론** 배려와 공감의 자세로 고객의 마음을 움직이는 사람이 되고 싶다.

예시 **고쳐 쓴 자기소개서**

주제 저는 적군도 아군으로 돌리 수 있는 가장 큰 무기는 배려하고 공감하는 자세라고 생각합니다.

상황 방송반이었던 저는 겨울방학 때, 방송제에 출품할 영상을 제작하기로 했습니다. 관심이 있었던 친구 세 명을 모아 팀을 만들고 회의 끝에 '우리 지역 수산 시장'을 주제로 매주 두 번씩 모임을 가졌습니다.

갈등 중간에 한 친구가 팀에서 빠지게 되고, 나머지 팀원들도 아르바이트와 학원의 일정이 많아지면서 영상 제작의 의지가 점점 희미해져 갔습니다. 또 판매상 분들이 촬영을 달가워하지 않아서 섭외에 애를 먹고 있는 것도 큰 난관이었습니다.

행동 자신이 시작한 일은 끝까지 마무리해야 한다는 생각으로, 저는 주도적으로 해야 할 일의 리스트를 만들어 팀원들을 찾아갔습니다. 먼저 그들의 어려움을 듣고 공감해 주었고 팀원들이 먼저 일을 선택하도록 하였습니다. 팀원들이 가장 어려워하는 섭외는 제가 맡기로 했습니다.

이번에는 어떻게 하면 판매상 분들의 마음을 녹일 수 있을까 고민했습니다. 저는 추운 새벽에 장사를 준비하시는 분들에게 따뜻한 차를 드리기 위해 보온병을 가지고 일주일 동안 매일 아침

마다 수산 시장으로 향했습니다. 하루 종일 그분들 옆에서 생활하면서 수산 시장에 대해 여쭤보고, 그들의 성격도 파악하며 섭외를 시도했습니다. 처음에는 시간이 없다며 인터뷰 자체를 거부해서 속이 많이 상했지만 "오늘은 낙지가 싱싱하죠? 무릎은 좀 어떠세요?"와 같이 관심을 가지고 판매상 분들의 마음을 얻고자 더 다가갔습니다.

결과 일주일 뒤, 저의 진심이 통했는지 판매상 분들이 점심도 주시고, 장사를 하면서 어려운 점이나 본인들의 이야기를 해 주기 시작했습니다. 저는 그분들과 진심으로 소통할 수 있었고, 섭외도 촬영 분량 이상으로 가능했습니다.

심지어 시나리오를 구상해 준다며 원고 체크까지 해 준 분도 있었습니다. 이런 저의 노력으로 팀에는 활기가 생겼고, 각자 맡은 촬영과 편집을 즐겁게 진행할 수 있었습니다. 사람의 마음을 움직이기 위해서는 진실한 마음으로 먼저 다가가려는 자세와 상대의 어려움을 공감하는 마음가짐이라는 점을 배운 시간이었습니다.

결론 ○○기업에 입사한다면 제가 가진 가장 큰 장점인 책임감과 타인에 대한 공감과 소통 능력을 발휘하여, 말보다는 행동으로 진심을 다해 고객의 마음을 얻고 싶습니다. 한 분, 한 분 ○○의 고객 모두에게 물건을 구매하는 것 이상의 스토리를 만들어드리도록 하겠습니다.

교실에서 바로 쓰기

자기소개서, 즉 자신의 이야기는 다양한 목적과 이유로 쓰게 됩니다. 학교 입학을 위한 자기소개서, 대학원 지원서, 기업 지원서, 라디오 사연, 국토대장정 지원서 등 다양하게 쓸 수 있으니 선생님들의 필요에 따라 향후 활동을 이어가 보세요.

STEP ❶ 루트 기법이란 무엇인가요?

루트 기법은 자신의 경험을 설득력 있는 이야기 형식에 적용한 글쓰기 기법 중 하나입니다. 루트(root)는 영어로 뿌리란 뜻을 가지고 있는 단어입니다. 자기소개서를 쓰기 위한 뿌리(기초)는 자신의 이야기를 찾는 것부터 시작된다는 의미를 담고 있답니다.

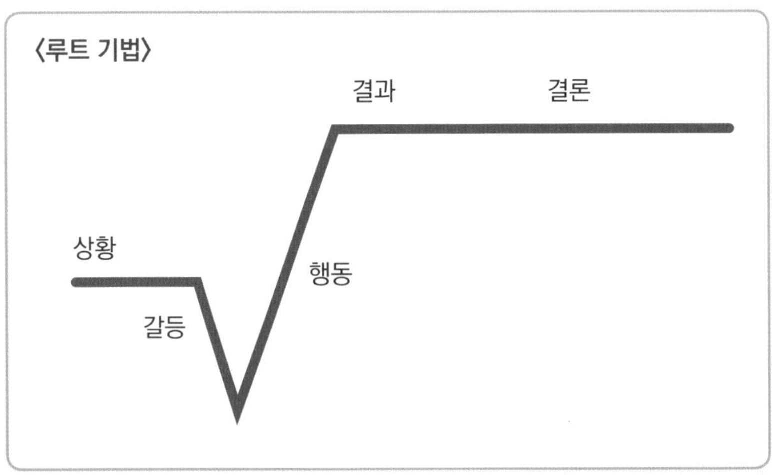

STEP❷ 루트 기법의 요소

요소	내 용
주제	• 주제를 두괄식으로 정리하여 의도를 명확히 함 • 결론, 주장, 각오를 쓰는 것은 아님 • 이야기에 대한 호기심이 생기도록 요약문 정도로 정리
상황	• 이야기의 배경 • 육하원칙을 바탕으로 너무 장황하게 되지 않도록 중복 없이 정리
갈등	• 현존하거나 예상되는 내부 또는 외부의 갈등이나 문제
행동	• 자신만의 주도적인 노력과 태도, 아이디어 정리 • 자신의 강점과 역량을 보여 주는 단계임 • 구체적일수록 신뢰감을 줄 수 있음
결과	• 행동의 결과, 배우거나 깨달은 내용, 평가 내용 등 • 긍정적인 결과뿐 아니라 부정적인 결과일지라도 경험을 통해 유의미한 내용 정리
결론	• 경험을 바탕으로 자신이 나아가고 싶은 방향을 정리 • 자신의 신념이나 비전, 인재상에 대한 주장

'스토리텔링의 6가지 원칙'을 따르는 루트 기법

❶ 구체적입니다

루트 기법을 활용하면 자신의 경험을 나열하는 것이 아니라 그 상황이 눈에 그려질 정도로 구체적으로 정리할 수 있습니다. 결과에 대해 정리할 때도, '사람들이 인정해 주었습니다.'가 아닌 '성실 하나는 마라토너 감!이라고 말해 주었습니다.'라고 표현할 수 있도록 구체적으로 적습니다. 그러한 구체성을 따르고자 하는 것이 루트 기법의 의도입니다.

❷ 개연성이 있습니다

루트 기법에서는 자기소개서를 쓸 대상이 상황을 충분히 표현할 수 있도록 유도해 줍니다. 이야기의 배경이 되는 상황에 대해 육하원칙으로 표현하고 있기에 앞뒤 연결에 개연성이 더해지게 됩니다.

또한 루트 기법으로 글을 쓸 때, 그 활동에 대해 왜 쓰고 싶은지를 반드시 생각해 봅시다. 본인의 행동에 대한 결과에서 본인을 평가를 할 수 있는 토대가 됩니다. 활동을 통해 얻은 것이 자신이 처음 생각했던 목표를 달성하는 데 도움이 되었는지, 더 깊이 알고 싶도록 지적인 자극을 주었는지, 혹은 의도했던 것과 달라 본인의 생각이 바뀌게 되었는지 등을 서술한다면 배운 점과 느낀 점을 훨씬 깊이 있게 표현할 수 있습니다.

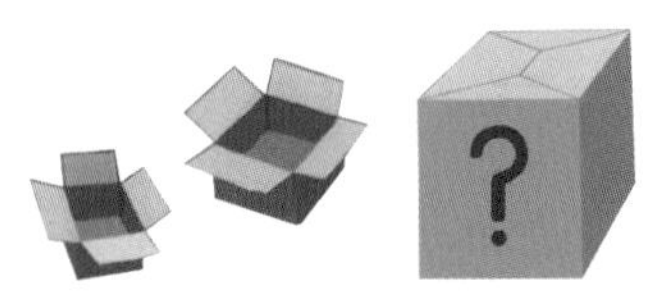

❸ 갈등(위기)이 있습니다

갈등의 요소는 글을 읽는 이로 하여금 호기심과 궁금증을 불러일으킵니다. 또, 갈등이 있기에 더욱 흥미진진한 이야기로 이어갈 수 있지요. 글쓰기의 여러 기법이 있지만 루트 기법에서 특이할 만한 것은 바로 갈등(위기)의 상황을 더했다는 점입니다. 혹 갈등을 매우 힘든 상황, 가난한 상황, 큰 싸움을 해야만 하는 상황이라고 오해하는 경우도 있습니다. 하지만 꼭 그럴 이유는 없답니다. 자신이 바라는 상태에 대해 저항을 가지고 있는 마음이나 상황, 사소한 다툼도 모두 갈등이라고 할 수 있답니다. 또, 자신이 새로운 것을 시도하려고 할 때 생기는 경우도 많습니다. 예를 들어, 흔히 일어날 수 있는 다음과 같은 상황도 갈등이라고 할 수 있습니다.

예 나는 공부를 열심히 해 본 적이 없다. 곰곰이 더 생각해 보니 나는 1시간 이상 무엇에 집중하는 것이 어려웠다. 그런데 어떻게 집중해서 공부하지? 친구에게 방법을 물어볼까? 학원에 다녀 볼까?

❹ 완결성이 있습니다

갈등이 있는 상황에서는 바로 결말로 갈 수 없습니다. 루트 기법에서는 갈등 상황을 해결하기 위해 자신이 한 주도적 노력에 대해 정리하게 합니다. 바로 그것이 완결성을 갖추는 요소가 되는 것이지요. 갈등을 해결하면서 결론으로 가고, 자신을 돌아보며 더욱 완결된 자신의 이야기로 표현하게 된답니다. 특히 자신의 행동에 대한 의미를 객관적으로 부여하면서 말입니다.

❺ 주체성(능동성)을 보여 줍니다

자기소개서에는 반드시 자신이 주인공이 되어 노력하거나 시도했던 부분이 있어야 합니다. 특히 루트 기법에서는 자신에게 있었던 사례, 생각과 태도, 선택과 행동을 돌아보고 정리하므로 주체성을 더욱 돋보이게 할 수 있답니다.

또한 자신의 이야기를 솔직하게 쓰고 긍정적인 태도가 드러나는 단어를 이용하면 좀 더 능동적인 자기소개서를 쓸 수 있습니다.

특히 부모의 가치관이나 자녀 양육 태도를 쓰는 것이 아니라, 그것의 영향으로 형성된 나의 성격과 그것이 잘 드러나는 에피소드를 써야 합니다.

❻ 대표성(메타포)이 있습니다

학교나 회사를 지원할 때에는 자신을 드러내는 대표적인 것을 선택해서 쓰게 됩니다. 그러하기에 자신의 장점이나 강점, 특성이 잘 드러나도록 작성해야 합니다. 루트 기법은 대표적인 사례를 통해 개인의 특성을 잘 보일 수 있도록 체계를 갖추고 있답니다.

자기소개서의 이야깃거리를 찾을 때에는 왜 그 경험에 의미가 있는지, 그 경험이 지원하는 곳과 어떤 연관성을 가지고 있는가를 생각해야 합니다. 대학 입학을 위한 자기소개서일 경우는 '전공 적합성'을 고려하여 관련 이야기를 찾고, 취업을 위한 자기소개서일 경우는 해당 직무의 일을 수행할 수 있는 능력(직무 역량)과 관련된 것을 찾도록 해야 합니다.

자기소개서의 모든 항목에 스토리텔링을 쓸 필요는 없습니다. '지원 동기와 포부' 항목에는 학업이나 일에 대한 비전과 계획을 중심으로 적습니다.

이 땅의 모든 선생님들을 응원하며

고문심

자유학기제를 처음 시행할 때, 일선 학교에서는 많은 걱정과 부정적 의견이 있었습니다. 우리나라의 사회적 인식과 인프라 구축 수준으로는 시기상조라고요. 학교만이 아니라 가정에서도 그렇고 온 사회가 그러했습니다. 정부가 바뀌면 곧 없어질 정책이라고 말하는 이도 있었지요.

그런데 지금은 어떠한가요? 오히려 자유학년제란 이름으로 한 학년 모두를 운영하는 학교가 늘고 있습니다. 그 이유는 무엇일까요? 우리 아이들에게 교과서가 아닌 삶과 연계한 배움이 필요하다는 교육의 본질을 생각하고 있기 때문이겠지요. 삶과 연계하니 당연 진로가 중시되고, 진로에 대해 고민하고 탐색해야 하는 것이고요. 그리고 그 아이들의 진로는 국가적 성장과 미래와도 연계되어 있답니다.

그러하기에 진로 교육을 담당하는 모든 분들이 참 많이 공부하며 노력하였습니다. 진로 교육이 순간의 흐름으로 끝나지 않고 아이들의 진정한 성장을 위해 도움이 되어야 한다는 사명감으로 말입니다. '한 아이를 키우려면 온 마을이 필요하다.'는 말처럼, 온 마을을 진로 체험처로 만들기도 하고 각자의 삶에 최선을 다하는 마을의 삼촌, 이모들을 우리 아이들의 선생님으로 모시고 함께 어울리는 체험의 장을 만들기도 하였죠. 다양한 문제 해결 프로그램을 만들어 진로 개발 역량을 키우려고 노력하기도 하였고요.

그런데 여러 일을 하면서 마음 한구석에 조그마한 바람이 있었습니다. 아이들에게 좀 더 체계적인 진로 교육을 하고 싶다는 바람 말입니다. 그런 중 이런 고민을 하는 선생님들이 모였습니다. 사는 곳도 다르고, 하는 일도 다르지만, 각자 자기 위치에서 최선을 다해 진로 교육을 하고자 고민하는 선생님들이었죠. 우리는 만났고, 고민을 하나씩 풀어냈습니다. 그렇게 풀어낸 것을 정리하고 이제 한 권의 책으로 내놓게 되었습니다.

우리 아이들이 그리 오랜 삶을 살지 않았지만, 삶은 매 순간 모두 의미 있고 그 순간들이 밑바탕이 되어 인생이 된다는 것을 알려주고 싶었습니다. 웃음으로 행복한 시간, 힘들고 괴로운 시간, 피하고 도망가고 싶은 순간도 모두가 한 선으로 이어져 자신의 삶을 만들어 감을 가르쳐 주고 싶었습니다. 그래서 어떻게 하면 자신의 삶을 들여다보며, 자신과 깊숙한 이야기를 나누도록 할까 고민하였습니다. 막연한 상상 속의 이야기가 아니라 과거를 돌아보고, 현재를 직시하며, 미래를 설계하며 현실로 만들어 갈 수 있길 소망하며 머리를 맞대어 의견을 나누며 정리해 보았습니다.

아무런 조건도 강요도 없이 그저 내려 준 봄비가 꽃을 피우듯, 이 책 또한 여러 선생님들께 반가운 봄비가 되길 소망해 봅니다. 선생님들의 수업 시간에 재구성하여 활용될 여러 활동들이 우리 아이들 안에 숨겨진 저마다의 꽃망울을 터트릴 수 있게 말입니다.

우리 아이들의 성장을 위해 애쓰시는 전국의 모든 선생님들을 응원하며, 진로라는 이름으로 함께함에 고마움을 전합니다.

부록 01

이야기톡 사용 설명서

● 이야기톡이 만들어진 배경 ●

"이야기 만들기가 세상에서 제일 재미있는 놀이가 될 수 있지 않을까?"라는 물음이 만들어 낸 스토리 게임

이야기톡은 남녀노소 누구나 이야기를 보다 쉽고 재미있게 즐기면서 만들기 위해 개발된 이야기 만들기 도구입니다. 자신의 손에 쥔 카드로 다양한 이야기를 만들어 이야기꾼이 되어 보세요.

● 이야기톡의 특징 ●

- 이야기톡은 현실 속 세상 모든 이야기를 만들어 냅니다. 영화, 드라마, 교과서에 나오는 이야기 소재로 구성한 이야기톡은 인물, 사건, 배경, 감정, 사물, 상황의 요소가 골고루 접목된 다양한 이야기 요소들로 빠짐없이 구성되어 있습니다.

- 예술학자 '프로프'의 문학 이론과 세계인이 좋아하는 영화 200선의 결말을 반영한 이야기톡은 보다 흥미로운 결말로 이야기를 이끌어 갑니다.

- 이야기톡은 간단한 그림 카드로 보이지만, 다양한 전문가들이 모여 만든 전문 교구입니다. 약 2년 동안 스토리 코치, 융합, 게임, 교육, 문학 전문가들이 공동 개발하여 전문성을 높였습니다.

이 책에 사용한 교구

그림 카드(80장)

그림으로 이야기를 만들 수 있는
스토리텔링 소재 카드

스토리판

카드류를 붙였다 뗐다
할 수 있는 판

사각형 그림 스티커(80장)

그림 카드를 종이, 노트 등에
붙여 쓸 수 있는 사각형 스티커

오각형 그림 스티커(80장)

그림 카드를 스토리 주사위 등에
붙여 쓸 수 있는 오각형 스티커

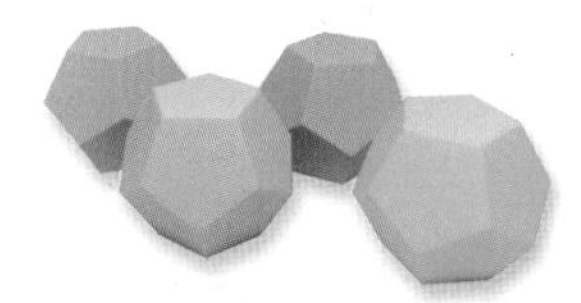

스토리 주사위

그림 스티커를 붙여서 다양한 활동을
해 보는 정십이면체 주사위

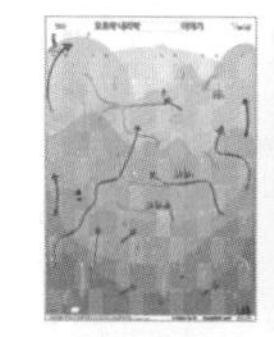

오르락내리락 이야기 게임판

오르락내리락 이야기 게임을
할 수 있는 대형 게임판

6가지 놀이 효과

잠자고 있던 당신의 서사창의력을 톡! 깨워 줍니다.

※서사창의력: 이야기를 만드는 과정에서 길러지는 독창적이고 능동적인 문제 해결 능력

그림을 해석하는
상상력

서로 친해지는
사교성

내 생각을 보여 주는
표현력

문제를 해결하는
창의력

이야기 구조를 완성하는
서사력

분위기를 바꾸는
순발력

만든 사람들

이야기톡은 스토리 전문 기업인 '와이스토리'와 '교육, 문학, 융합, 게임' 분야의 전문가들이 모여 2년간의 연구를 거쳐 개발한 제품입니다.

저작권자		
	이야기톡 카드	· 콘텐츠 : 와이스토리 (총괄책임 : 윤성혜) · 일러스트레이터 : 문지나
	와이 캐릭터	· 저작권자 : 와이스토리

공통 규칙

앞면 펼쳐 놓기

모든 소재 카드(그림 카드+찬스 카드)를 앞면이 보이도록 나열해 놓은 후 한 장씩 뒤집습니다. 순서대로 뒤집어야 할 때도 있고, 순서와 상관없이 뒤집을 때도 있습니다.

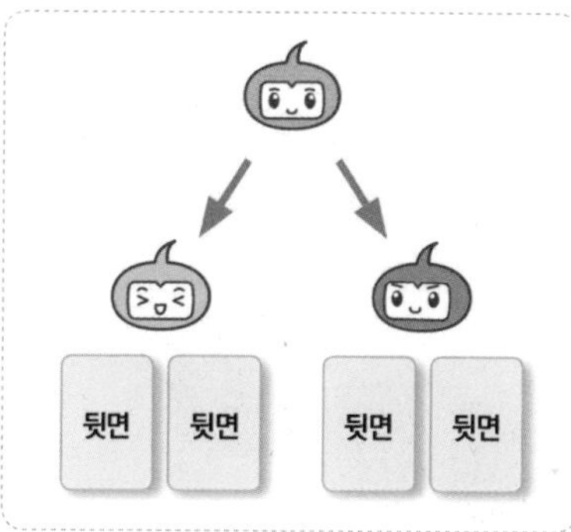

나눠 주기

이야기꾼 중 1명이 이야기꾼들에게 일정한 장수의 카드를 무작위로 나누어 줍니다. 이때 이야기꾼들은 카드를 공개하지 않습니다.

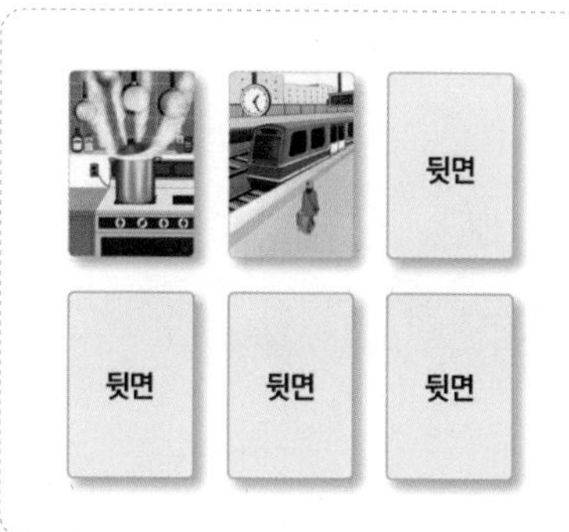

한 장씩 뒤집기

나열해 놓은 후 한 장씩 뒤집습니다. 순서대로 뒤집어야 할 때도 있고, 순서와 상관없이 뒤집을 때도 있습니다.

부록 02

나만의 진로 프로그램 만들기

● 활용하기 ① ●

〈진로 스토리텔링〉을 '현재 진로 교육'에 접목하기

기존 진로 교육			〈진로 스토리텔링〉 기본 활동
대영역	중영역	세부 목표	
Ⅰ. 자아 이해와 사회적 역량 개발	1. 자아 이해 및 긍정적 자아 개념 형성	자아 존중감을 발달시켜 자기 효능감을 갖도록 노력한다.	-내 뿌리 이야기
		자신의 흥미, 적성, 성격, 가치관 등 다양한 특성을 탐색한다.	-인생 돋보기 -강점 액션 아이디어 게임
	2. 대인 관계 및 의사소통 역량 개발	대인 관계의 중요성을 이해하고, 대상과 상황에 맞는 대인 관계 능력을 함양한다.	-나를 말해 줘 talk -오르락내리락 이야기 게임
		사회 생활에서 의사소통의 중요성을 이해하고, 효과적인 의사소통 방법을 이해하고 활용한다.	-강점 액션 아이디어 게임
Ⅱ. 일과 직업 세계의 이해	1. 변화하는 직업 세계 이해	직업의 역할을 알고 다양한 종류의 직업을 탐색한다.	-직업 떠올리기
		사회 변화에 따른 직업 세계의 변화를 탐색한다.	-직업 정의하기
		창업과 창직의 의미를 이해하고 관련 모의 활동을 해 본다.	-창직하기
	2. 건강한 직업 의식 형성	직업 선택에 영향을 주는 다양한 가치를 탐색한다.	-인생 돋보기
		직업인으로서 가져야 할 직업 윤리 및 권리를 이해한다.	-직업인의 하루 일과
		직업에 대한 편견과 고정관념을 성찰하고 개선 방법을 찾아본다.	-직업 떠올리기 -직업 정의하기
Ⅲ. 진로 탐색	1. 교육 기회의 탐색	진로에서 학습의 중요성을 이해하고 자기주도적 학습 태도를 갖는다.	·
		고등학교의 유형과 특성에 대한 다양한 정보를 탐색한다.	·
	2. 직업 정보의 탐색	다양한 방법과 체험 활동을 통해 구체적인 직업 정보를 탐색한다.	-직업인의 하루 일과
		직업에 대해 수집한 정보를 분석하여 직업 이해에 활용한다.	-오르락내리락 이야기 게임
Ⅳ. 진로 디자인과 준비	1. 진로 의사 결정 능력 개발	진로 의사 결정 능력을 함양한다.	-IF 진로 장벽
		진로를 선택하는 데 영향을 주는 진로 장벽 요인을 알아보고 해결 방법을 찾는다.	-미래 다섯 조각 이야기 -IF 진로 장벽
	2. 진로 설계와 준비	자신의 특성을 바탕으로 미래 진로에 대해 잠정적인 목표와 계획을 세운다.	-미래 순간 포착
		진로 목표에 따른 고등학교 진학 계획을 수립하고 준비한다.	-미래 다섯 조각 이야기

출처: 〈2015 학교 진로 교육 목표와 성취 기준(교육부 발간)〉 중 '중학교 진로 교육의 세부 목표 및 성취 기준'

● 활용하기 ② ●

〈진로 스토리텔링〉을 '스토리텔링의 기본 원칙'에 접목하기

	스토리텔링 기본 원칙	진로 스토리텔링	설명
1	구체성	-미래 순간 포착 -액션 아이디어 -스토리텔링 자기소개서	재미있는 이야기는 구체적이어야 합니다. 영화에서 어떤 사람이 '나는 자동차를 좋아하는 사람이다.'를 말로 하는 것보다 '자동차를 좋아해서 매일 아침 세차를 하고 튜닝을 하고 다니는 모습'을 보여주는 것이 더 좋은 시나리오인 것처럼 말입니다. 진로에서도 내 인생의 비전, 나의 강점을 구체적으로 인식하는 것이 필요합니다. 이렇게 구체적으로 인식한 강점은 자기소개서에서도 명확하게 나타납니다.
2	개연성과 일관성	-내 뿌리 이야기 -인생 돋보기	모든 이야기에는 일관된 핵심 욕망(주제, 혹은 캐릭터가 움직이는 동기)이 있습니다. 개연성이 있다고 하지요. 지금의 내 모습을 이루고 있는 것도 일관된 원리가 있다고 생각하는 것이 필요합니다. 그 원리와 원인을 찾아보는 것이 진로에서 개연성을 찾는 활동입니다.
3	갈등과 갈등 해결	-IF 진로 장벽 -미래 다섯 조각 이야기	갈등이 없는 이야기를 상상할 수 있을까요? 사람들은 이야기의 단계 중에서도 갈등이 등장하고 그것을 해결하는 과정에 집중합니다. 우리 인생 또한 분명히 갈등이 있습니다. 그런 갈등이 왔을 때, '와! 지금이 내 이야기를 재미있게 하려는 기회이다!'라고 생각해 보면 어떨까요? 그리고 그 갈등을 미리 예상해서 해결 방법을 찾아봅시다.
4	완결성	-직업인의 하루 일과	기승전결 중 어떤 부분이 빠졌거나, 혹은 하다가 중간에 그만둔 이야기는 재미가 없죠? 대표적인 사건들 사이에서 이야기를 채우는 것은 '수많은 평범한 일상'입니다. 진로도 마찬가지입니다. 평범한 일상이 나를 채우지요. 달리 말하면 우리의 하루는 내 인생 전체를 대표하는 것입니다.
5	능동성 (관찰력)	-직업 떠올리기 -직업 정의 내리기 -창직하기	누가 시키지 않는데도 이야기 속 주인공은 여정을 떠납니다. 여정 속에서 새로운 것을 발견하고 관찰하고 조력자를 만나 결국에는 이야기를 완성하지요. 내 인생의 방향을 결정하고 철학을 정립하는 것은 그 누구도 대신할 수 없습니다. 직업을 결정할 때에도 기존에 정해진 것 중에서 골라야 하는 것이 아닙니다.
6	메타포	-오르락내리락 이야기 게임	이야기는 우리가 살고 있는 현실을 반영합니다. 이야기처럼 진로도 오르락내리락 왔다 갔다 합니다. 오르락내리락 이야기 게임으로 우리 인생을 조망해 봅시다.

● 활용하기 ③ ●

워크북을 활용하여 1회기~24회기 프로그램 만들기

워크북 〈세상에 하나뿐인 나의 이야기〉 소개

① 청소년분 아니라 대학생, 어린이 등 전 연령층이 '세상에 단 하나뿐인 나의 이야기'를 생각하고 표현할 수 있는 책입니다.

② 300여 명의 진로 교사 및 전문가들이 1,000회 이상의 수업을 통해 만든 커리큘럼입니다.

③ 초중고등학교 자유학기제, 자유학년제의 커리큘럼을 담은 책으로, 1회기 특강부터 24회기까지 프로그램을 진행할 수 있습니다.

④ '자기소개서' 쓰기를 연습해 볼 수 있습니다.

차례 미리 보기

본문 미리 보기

본문 속으로	선생님을 위한 활용 노하우
	1. 차례 활용하기 '차례'를 보고 선생님만의 강의 및 수업 커리큘럼을 만들어 보세요. 1차시부터 24차시까지 커리큘럼을 만들 수 있도록 구성되어 있어요. 짧은 차시로 수업할 때 워크북을 다 채우지 못할까 봐 걱정이라고요? 이 워크북은 본인이 스스로 작성해 보는 나만의 책입니다. 선생님은 그 과정을 도와주는 것일 뿐이니 수업을 마치고 이 점을 잘 전달해 주세요.
	2. 읽을거리 활용하기 교육 대상자들과 본격적으로 워크 활동을 하기 전에 읽으면 도움이 됩니다. 본 활동이 직관적인 활동이 아니기에, 활동의 목적과 의미를 정확하게 전달해 주는 것이 좋습니다. '자기 이야기를 잘 만드는 방법'과 '진로로 이야기를 만들면 좋은 점'이 자세하게 쓰여 있습니다.
	3. 본문 활용하기 본격적으로 〈세상에 하나뿐인 나의 이야기〉를 만드는 페이지입니다. 활동을 할 때는 필기도구, 색연필, 이야기톡 그림 카드와 스티커 등이 필요합니다. 원하는 스티커가 없을 때는 그림을 직접 그리거나 사진을 붙여도 됩니다. '이야기톡 그림 스티커'로 한 권을 완성하려면, 스티커가 1세트 필요합니다.
	4. 큐브 활용하기 선을 잘라 오려서 정육면체로 만든 뒤, 스티커를 붙여 활용합니다. IF 진로큐브, 스토리큐브, 꿈큐브 등으로 만들 수 있습니다.
	5. 빈 페이지 활용하기 수업을 하다가 더 재미있고 유익한 선생님만의 커리큘럼을 진행할 때 사용하는 페이지입니다. 또는 교육 대상자에 따라 더 추가해야 할 내용이 있을 때 사용합니다. 학생들의 필기 페이지로 활용해도 좋습니다.